BALKONTRÄUME

Friedrich Strauß (Fotos)
Dorothée Waechter (Text)

Balkon Träume

Gestaltungsideen
für alle Jahreszeiten

blv

INHALT

Willkommen in der wundervollen Welt der Balkonträume! Mit diesem Buch möchten wir Sie in die verschiedensten kleinen und großen Alltagsoasen entführen, die Genuss und Entspannung, Abwechsung und Naturerlebnis verheißen.

Der Balkon ist für viele ein unverzichtbarer Bestandteil der Wohnung. Was im Erdgeschoss die Terrasse ist, bietet in den darüber liegenden Geschossen der Balkon. Hier wird gelebt und gegärtnert. Die Kultur von einjährigen Balkonblumen, Gehölzen, Stauden, Kletterpflanzen, Zwiebelgewächsen und Kübelpflanzen in Töpfen, Kästen und Ampeln eröffnet ungeahnte Möglichkeiten. So entsteht ein üppiger Rahmen für den Sitzplatz, einem der beliebtesten Wohnräume in den Sommermonaten. Ihm

Wohlfühlatmosphäre einzuhauchen, ist ein Ziel, das sich mit etwas Feingefühl schnell verwirklichen lässt.

Bezaubernde Gestaltungen

Das Buch gliedert sich nach den Jahreszeiten: So lässt sich im Frühling das großartige Erwachen der Natur anhand von Zwiebelblumen aus aller Nähe beobachten, seinen Höhepunkt erreicht jeder Balkongarten dann in den Sommermonaten. Das Pflanzenangebot ist besonders abwechslungsreich, und es gibt eine Fülle von Möglichkeiten, sich das open-air-Zimmer stimmungsvoll blumig einzurichten. Herbstliche Laubfärbung und Fruchtschmuck versprechen einen farbenfrohen Ausklang der Balkonsaison, und im Winter ruht der Balkon, doch schmücken ihn immer noch einige frostharte Gehölze.

Den Schwerpunkt in diesem ideenreichen Ratgeber bildet das Thema »Sommer«. Verschiedenste Möglichkeiten, den sommerlichen Balkon zu gestalten, werden vorgestellt. Schließlich soll das Zusammenspiel der verwendeten Pflanzen ausgewogen und harmonisch sein. Die Farbe steht in dieser Jahreszeit im Mittelpunkt, wobei auch Wuchs- und Blattstrukturen nicht außer Acht gelassen werden dürfen.

Duftpflanzen, Rosenschönheiten und Pflanzen für schattige Lagen finden in diesem Ratgeber für das Feierabendparadies ebenso ihren Platz wie Balkone, auf denen Kletterpflanzen, mobile Wassergärten und kulinarische Genüsse im Mittelpunkt der

Ein Sommertraum! Sonnenblumen *(Helianthus annuus)*, Husarenknöpfchen *(Sanvitalia procumbens)* und die kletternde Schwarzäugige Susanne *(Thunbergia alata)* leuchten mit der Sonne um die Wette.

Pflanzenauswahl stehen. Unterschiedlichen Stilrichtungen werden vorgestellt, inspirieren zum Nachmachen und regen zu fantastischen Dekorationen auf dem eigenen Balkon an.

Pflanzen, Accessoires und Möbel ergänzen sich zu stimmungsvollen Szenerien, die Anregungen für jeden Geschmack bieten und die Kreativität anregen. Dazu können Sie mit Hilfe kleiner Pflanzpläne viele der im Bild vorgestellten Pflanzenkombinationen nachgestalten. Die dabei verwendeten schmalen Balkonkästen sind das Herzstück des Balkons und das Blumenbeet des Balkongärtners. Sie rahmen jeden Balkon wie eine blumige Girlande ein und sind bei entsprechender Gestaltung das ganze Gartenjahr über eine Zierde.

Die wichtigsten Pflanzen

Am Ende eines jeden Kapitels finden Sie Porträts von den Pflanzen, die für das jeweilige Gestaltungsthema von besonderer Bedeutung sind. Neben dem Aussehen werden Standort, Pflege und Sorten aufgeführt. Natürlich sind die Angaben zu Größe und Farbe in Abhängigkeit von den Gegebenheit zu sehen. Ein gewisser Spielraum ist immer vorhanden. Die Wasser- und Düngermengen gelten für die entsprechende Wachstumszeit.

Besonderheiten zur Pflege oder Anzucht finden sie im Extra-Tipp. Eine ganze Reihe von Symbolen helfen Ihnen, rasch einen Überblick über die Pflanzen und den notwendigen Pflegeaufwand zu bekommen.

Die Sortenangaben

Von fast jeder Pflanze gibt es Sorten, die sich durch bestimmte Eigenschaften hervorheben. Jedes Jahr kommen neue, verbesserte Sorten in die Gärtnereien. Deshalb werden Sorten in diesem Buch nur angegeben, wenn sie für den Pflanzeneinkauf wichtig sind und man Ihnen in Ihrer Gärtnerei oder im Samenfachhandel mit dieser Angabe wirklich weiterhelfen kann.

Ein reicher Erfahrungsschatz

Die stimmungsvollen Aufnahmen der Balkone und Pflanzenkombinationen stammen von dem bekannten Pflanzenfotografen Friedrich Strauß. Alle Pflanzen hat der Gartenbau-Ingenieur zusammen mit seinen Mitarbeitern in seiner Spezialgärtnerei angezogen, gepflanzt und gepflegt, zu traumhaften Arrangements zusammengestellt und professionell mit der Kamera festgehalten. Die Texte stammen von Dorothée Waechter, Gartenbau-Ingenieurin und Fach-Journalistin. Sie beruhen auf ihrem Fachwissen und unzähligen Alltagserfahrungen mit Balkonpflanzen im eigenen Topfgarten.

Dahlien (*Dahlia*), Löwenmäulchen (*Antirrhinum*) und Fleißiges Lieschen (*Impatiens*) verwandeln diesen Balkon in eine Oase der Ruhe.

Beschreibung der Porträt-Symbole

- ◐ sonnig
- ◑ halbschattig
- ● schattig
- 🌱 aufrecht
- 🌸 buschig
- 🌿 hängend
- 🕯 kletternd
- ◊◊ hoher Wasserbedarf
- ◊◊ normaler Wasserbedarf
- ◊ geringer Wasserbedarf
- 🍃 Blattschmuckpflanzen
- ✳ Duftpflanze
- 👍 pflegeleichte Pflanzen
- ❗ empfindliche Pflanzen

FRÜHLING

BLUMIGER START IN DIE SAISON

Endlich erwacht die Natur aus dem Winterschlaf. In der Tristesse der kalten Jahreszeit hat sich die Sehnsucht nach Farbe breit gemacht und so wird jede kleine Regung der Pflanzen intensiv wahr genommen. Eine kleine grüne Nase, die sich aus der braunen Erde in die Höhe reckt, schenkt der Hoffnung auf den nahenden Frühling Nahrung. Aus dem kleinen Geheimnis einzelner zarter Blüten von Schneeglöckchen und frühen Krokussen wird schließlich im Laufe der Frühlingswochen ein farbenfrohes Fest: Satt leuchtende Blüten schmücken Töpfe und Kästen auf dem Balkon. Sie sorgen für ein gemütliches Ambiente an ersten sonnigen Tagen und wirken bei bedecktem Wetter wie eine angenehme Farbtherapie.

Oben: Farbenfroher Frühling – leuchtend rote Ranunkeln harmonieren mit violetten Stiefmütterchen, gelben Hornveilchen und zartem Duftsteinrich.

Links: Tulpen, Goldlack, Vergissmeinnicht und Trollblumen schmücken diesen Balkon und laden zum Verweilen ein.

Die kräftigen Farben von Hornveilchen und Ginster, Rhododendron und Ranunkeln leuchten um die Wette und verbreiten ein Gefühl von Fröhlichkeit und guter Laune. Durch die gezielte Wiederholung von satten Gelbtönen erhält diese bunte Mischung optischen Halt und wirkt dadurch sehr harmonisch.

Temperamentvoll in die neue Saison

Mit leuchtenden Farben, großen, dicht nebeneinander angeordneten Blüten und köstlichen Düften verzaubern Frühlingsblüher den Balkon. Sie lassen den Winter rasch enden und verbreiten gute Stimmung bis zum Sommeranfang.

Zwiebelblumen wie Narzissen und Tulpen, Hyazinthen und Ranunkeln gedeihen problemlos in Balkongefäßen und können bereits im Herbst in die Kästen gelegt wer-

den. Man überwintert sie etwas geschützt, achtet aber darauf, dass sie weder zu nass noch zu trocken stehen. Wer diese Mühe scheut, verwendet vorgetriebene Pflanzen, wie sie im Frühjahr angeboten werden. Auch im Frühling wirken Pflanzungen, die dichte Farbkleckse zeigen, am schönsten. Selbst großblütige Arten wie Hyazinthen sollte man immer in Gruppen von mindestens drei Zwiebeln setzen, damit sie gut zur Geltung kommen.

Hübsch ergänzen lassen sich die Zweijährigen wie Vergissmeinnicht, Bellis und Hornveilchen. Dank ihrem buschigen Wuchs füllen sie die Lücken zwischen den meist aufrecht wachsenden Zwiebelblumen. Zugleich tragen sie zahlreiche kleine Blüten, die über viele Wochen Farbe versprechen.

Zwiebelblumen pflanzen

Im Spätsommer ist eine reiche Auswahl an Zwiebeln und Knollen in den Gärtnereien zu finden. Man sollte dann recht bald mit den Frühlingsvorbereitungen beginnen, damit die Pflanzen rasch Wurzeln bilden können und gut anwachsen. Wählen Sie nur Zwiebeln aus, die kräftig, gesund und unbeschädigt sind sowie noch nicht getrieben haben. Anschließend werden sie gepflanzt. Für die Pflanzung eignen sich am besten frostfeste Gefäße und normale Blumenerde. Bedenken Sie bei der Auswahl der Gefäße, welche Zwiebelblumen darin Platz finden sollen, denn je größer die Zwiebeln, desto tiefer müssen sie gelegt werden. Legen Sie nun auf das Abzugsloch im Topfboden eine Tonscherbe, füllen Sie

Schöne Balkone zum Nachpflanzen

(Bild siehe Seite 12)

① Tulpe, gelb *(Tulipa)*
② Goldlack, gelb/rotbraun *(Cheiranthus)*
③ Vergissmeinnicht *(Myosotis)*
④ Trollblumen *(Trollius)*
⑤ Stiefmütterchen
   (Viola-Wittrockiana-Hybride)
⑥ Maiglöckchen *(Convallaria majalis)*

Erde ein und setzen Sie die Zwiebeln auf die Erde. Anschließend wird der Topf bis auf einen zwei bis drei Finger breiten Gießrand mit Erde aufgefüllt und angegossen. Sollen die Blütenstiele dicht wie in einem Blumenstrauß stehen, empfiehlt es sich, Zwiebeln in zwei oder drei Schichten übereinander zu legen. Dabei wird immer nur gerade so viel Erde auf die unteren Zwiebeln gegeben, dass die Spitzen bedeckt sind. Dieses Verfahren empfiehlt sich vor allem für Tulpen und Narzissen.

Ein Auftakt mit Mehrjährigen

Der Frühling gehört wie der Sommer zu den blütenreichen Jahreszeiten. Daher gibt es zwischen März und Mai auch zahlreiche Sträucher und Stauden, die ihre Blütenpracht zeigen. Und viele von ihnen gedeihen problemlos in Töpfen und Kästen. Gute Düngung und regelmäßiges Gießen garantieren jährlich neuen Blütenzauber.

Forsythien (Forsythia) und Zierquitten (Chaenomeles × superba) zeigen ihre Blüten noch bevor die Blätter erscheinen, wodurch die Blütenfarbe besonders intensiv wirkt. Auch das Astgerüst prägt die Gestaltung, insbesondere dann, wenn es so markant wie das einer Trauerweide (Salix caprea 'Pendula') ist. Zugleich schaffen die Frühlingssträucher optische Verbindungen zu den einzelnen Töpfen mit Zwiebelblumen und Zweijährigen. Pflanzen Sie die Gehölze in hochwertige Kübelpflanzenerde, damit die Struktur der Erde über mehrere Jahre stabil bleibt und man lediglich alle zwei bis drei Jahre ans Umtopfen den-

ken muss. Zugleich sollte der Topf groß genug sein, um genügend Raum für den Wurzelkörper zu gewährleisten.

Nach ihrer Blüte werden die Gehölze als grünes Gerüst in der Balkongestaltung, als Sichtschutz und Schattenspender weiter-

Wie eine Fontäne versprüht die weiße Spiree zwischen Hornveilchen und Narzissen ihre duftigen Blütchen.

Auf diesem Balkon macht sich österliche Buntheit breit.

Oben: Einen Hauch von Weiß bring diese Hochstamm-Azalee auf den Balkon. Frühjahrsblüher begleiten sie.

mit schirmförmig erzogener Krone angeboten, ihre langen, violettblauen Blütentrauben verbreiten einen herrlichen Duft in der warmen Frühlingssonne.

Auch unter den mehrjährigen Gartenblumen, den Stauden, sind zahlreiche Frühlingsblüher vertreten. So werden zum Beispiel das Tränende Herz (*Dicentra spectabilis*), Bergenien (*Bergenia*-Hybriden) und Günsel (*Ajuga reptans*) im Herbst in die Gefäße gepflanzt und im Topf an einem geschützten Platz überwintert. Strohmatten und Vlies schützen vor zu starken Frösten. Zeigen sich die ersten Blüten, werden die Blätter etwas ausgeputzt. Damit die Pflanzen gesund bleiben und sich weiterhin kräftig entwickeln, brauchen sie regelmäßige Düngergaben und das ganze Jahr hindurch – auch an frostfreien Wintertagen – genügend Wasser. Dann wachsen sie viele Jahre zuverlässig und bereichern mit ihrem Blatt- und Blütenreichtum jeden Balkon.

hin genutzt. Sehr dekorativ wirkt auch der Blauregen (*Wisteria sinensis*). Diese Kletterpflanze wird häufig als Hochstämmchen

Schöne Balkonkästen zum Nachpflanzen

(siehe Bild links)

① Narzisse 'Bridal Crown'
② Hyazinthe 'Multiflora weiss'
③ Traubenhyazinthe
   (*Muscari aucheri*)
④ Blausternchen
   (*Scilla mischtschenkoana*)
⑤ Stiefmütterchen
   (*Viola* 'Sorbet F_1')

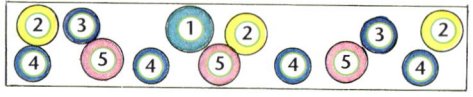

Sanfte Frühlingsboten

Die Frühaufsteher der Natur sind zarte Geschöpfe. Schneeglöckchen *(Galanthus niva-lis)*, Blausternchen *(Scilla bifolia)* und Elfenkrokus *(Crocus tommasinianus)* sind solch kleine Wunder und dürfen auf dem Balkon nicht fehlen. Für sie reicht meist eine kleine Schale aus, die man im Herbst vorbereitet hat. Etwas erhöht aufgestellt, kann man das wundervolle Erwachen der Natur in Augenhöhe beobachten. Es sind erste Schritte in eine neue Saison, die oft noch ein wenig durch Frost und Schnee gebremst werden.

Es wird immer bunter

Spätestens wenn die ersten Primeln *(Primula)* in den Gärtnereien auftauchen, ver-

spürt man Lust, dem Balkon sein Frühlingsgewand anzuziehen. Und je zahlreicher die Blüten erscheinen, umso bunter wird die Pracht: Ihre runden Blüten leuchten aus den frisch grünen Blattrosetten in klaren Farben, mal gelb, mal rot, mal pink oder violett. Zur Auflockerung eignen sich Stiefmütterchen und Hornveilchen *(Viola × wittrockiana, V. cornuta)*. Das Hornveilchen – die kleinblumige Schwester des Stiefmütterchens – ist ein Geheimtipp für alle, die Pflanzen suchen, welche bis zum Sommeranfang durchhalten. Mit Efeu oder einigen Kräutern wie Salbei, Zitronenthymian und Rosmarin kombiniert man die Frühlingsblüher in Schalen und Körben. Eine einladende Dekoration, die farbenfroh auf das Balkonjahr einstimmt.

Wie eine zarte Frühlingswolke breiten sich die Blütchen des Pfirsichs (links) und der Zierkirsche (rechts) über den rosa Bellis aus. Für einen betörenden Duft sind die Hyazinthen auf dem Tisch zuständig, während die weißen Narzissen wie Sahnehäubchen wirken.

Links: Ein außergewöhnlicher Saisonstart! Die Blüten des straff aufrecht stehenden Seidelbasts, untermalt von Winterheide, Traubenhyazinthen, weißen Tulpen und kleinen Narzissen, bilden einen echten »Hingucker«.

Maßliebchen, Bellis
(Bellis perennis)

Das Maßliebchen ist eine Kulturform des Gänseblümchens und zählt zu den zweijährigen Sommerblumen.
Wuchs: Kompakte, niedrige Blattrosetten, 15–20 cm hoch.
Blüte: März bis Mai. Pomponartige, gefüllte oder halb gefüllte Blüten, einzeln auf einem Stiel, je nach Sorte weiß, rosa oder verschiedene Rottöne.
Standort: Sonnig bis halbschattig; frisches bis feuchtes Substrat, vor Frost schützen.

Pflege: Im Frühling vorgezogene Pflanzen setzen. Welke Blüten regelmäßig ausknipsen. Wenn es wärmer wird, wöchentlich dem Gießwasser Flüssigdünger beimischen.

Extra-Tipp: Werden die Pflanzen bereits im Herbst gepflanzt, sollten sie mit Laub und Fichtenreisig gut abgedeckt werden, um Schäden durch Kahlfröste zu vermeiden. In rauen Lagen ist keine Überwinterung möglich, Pflanzen im Frühjahr neu kaufen.

Hyazinthe
(Hyacinthus-Orientalis-Hybriden)

Attraktive Zwiebelblumen mit wundervoll duftenden Blüten.
Wuchs: Eintriebige Zwiebelpflanze, die 20–30 cm hoch wird.
Blüte: März/April. Einzelblüte glockenförmig mit zurückgeschlagenen Blütenblättern in dichten, endständigen Trauben auf aufrechten Stielen.
Standort: Sonnig, warm; durchlässiges Substrat.
Pflege: Die Zwiebeln werden im Herbst gepflanzt. Nach der Blüte den Stiel ab-

schneiden. Zwiebeln mit Laub können in den Garten umgepflanzt werden und kommen jährlich wieder.

Extra-Tipp: Stecken Sie frühzeitig neben den treibenden Blütenstand einen Holzstab oder Ähnlichem und binden Sie den jungen Blütenstand daran fest, sobald sich die ersten Blüten öffnen. So wird verhindert , dass sie unter ihrer eigenen Last umkippen.

Sorten: 'Ostara' – leuchtend blau; 'Blue Jacket' – violett; 'L'Innocence' – weiß; 'Queen of the Pinks' – rosa; 'City of Harlem' – gelb; 'Amsterdam' – karminrot.

Narzisse
(Narcissus-Hybriden)

Frühlingsklassiker mit großer, abwechslungsreicher Sortenvielfalt.
Wuchs: Ein- oder mehrtriebig aus Zwiebeln, Höhe 20–50 cm.
Blüte: Februar bis April. Zweiteilig, außen ein sternförmiger Blütenkranz (Hauptkrone), innen ein trompeten- bis tellerförmiger Blütenkranz (Nebenkrone), meist unterschiedlich gefärbt: weiß, gelb, lachsfarben bis orange.
Standort: Sonnig bis halbschattig, mäßig trocken bis feucht, frostempfindlich.

Pflege: Pflanzung im Herbst, je nach Größe 10 bis 15 cm tief. Im zeitigen Frühling gießen, sonst bilden sich papierartige Knospen, die sich nicht öffnen. Nach dem Austrieb düngen. Welke Blüten abschneiden, Laub gelb werden lassen. Die Zwiebeln über Sommer trocken lagern und im Herbst erneut pflanzen.

Extra-Tipp: Im Frühling ist das Angebot vorgetriebener Narzissen groß.

Sorten: 'February Silver' – weiß, 'Peeping Tom' – gelb; 'Thalia' – weiß; 'February Gold' – gelb; 'Tête-à-Tête' – gelb.

Kissenprimel
(Primula-Vulgaris-Hybriden)*

Farbenfrohe Frühlingsblüher.
Wuchs: Niedrige, frischgrüne Blattrosetten, 10–15 cm hoch.
Blüte: Ende Februar bis April. Runde Blütenteller, kurz gestielt oder in einer gestielten Dolde. Goldgelb, schwefelgelb, rot, orange, violett, weiß, rosa, meist gelbe Mitte, selten gefüllt.
Standort: Halbschattig, im Frühling auch sonnig; frische bis feuchte Erde.
Pflege: Im Frühling pflanzen. Vor starken Frösten mit einem Pappkarton oder Eimer schützen. Trockenheit des Wurzelballens unbedingt vermeiden. Verblühtes knipst man vorsichtig mit den Finger aus.

Tulpe
(Tulipa-Hybriden)*

Ein Klassiker unter den frühlingsblühenden Zwiebelblumen.
Wuchs: Meist eintriebig aus der Zwiebel, 15–50 cm.
Blüte: Becherförmige Kelche auf kräftigem Stiel, verschiedene Formen, z. B. lilienblütig, gefüllt, papageienartig gefranst, anemonenartig gefüllt, weiß, gelb, rosa, rot, orange, lila, schwarzrot.
Standort: Sonnig, mäßig trocken bis frisch während der Blüte, im Sommer auch trocken.
Pflege: Zwiebeln im Herbst in die Gefäße legen, anschließend geschützt aufstellen; zeigen sich die ersten grünen Spitzen, beginnt man mit dem Gießen und Düngen. Einjährige Kultur ist zu empfehlen.

Extra-Tipp: Verwenden Sie in Kästen lieber kurzstielige Sorten, die bei Wind nicht so leicht umknicken. In windgeschützten Ecken sehen dagegen Kübel mit hohen Sorten attraktiv aus.

Sorten/Arten: 'Abba' – scharlachrot, gefüllt, früh; 'Peach Blossom' – dunkelrosa, gefüllt, früh; 'Purple Prince' – purpur; 'Red Emperer' – hellrot, früh, niedrig; 'Concerto' – weiß, früh, niedrig; 'Toronto' – zartrosa, mehrere Blüten an einem Stiel; *Tulipa tarda* – botanische Tulpe, gelb mit weißem Rand, meist 5 Blüten pro Stiel.

Hornveilchen
(Viola cornuta)

Die kleine Schwester des Stiefmütterchens zeigt sich blütenreich und lang blühend.
Wuchs: Kleine halbkugelige Büsche, die 10–20 cm hoch werden.
Blüte: März bis Ende Juni. Typische unregelmäßige Stiefmütterchenblüten auf kurzen Stielen, bis 2 cm groß, zum Teil feine Zeichnung, große Farbvielfalt: gelb, violett, blau, weiß, auch zweifarbig.
Standort: Sonnig, frische Erde.
Pflege: Im Frühjahr pflanzen, gleichmäßig feucht halten und regelmäßig düngen. Staunässe vermeiden. Verblühtes gelegentlich ausputzen, damit sich neue Knospen bilden.

Extra-Tipp: Hornveilchen eignen sich gut zur Unterpflanzung von Gehölzen, für Töpfe und Blumenampeln ebenfalls gut geeignet.

SOMMER

MIT FARBEN PERFEKT GESTALTEN

Wenn der Sommer naht, verwandelt sich der Balkon zum Wohnzimmer im Freien. Jetzt wird dieser Raum vielseitig genutzt: Es wird gespielt, gefeiert, relaxt, gegessen und gearbeitet. Beste Voraussetzung für das rege Treiben auf dem Balkon ist eine angenehme Atmosphäre. Dabei gehören blühende Pflanzen grundsätzlich zu den sommerlichen Stimmungsmachern, die durch ausgewählte Blütenfarben und Blattschmuck das Ambiente bestimmen. Vor allem der persönliche Geschmack spielt eine wichtige Rolle, wenn es darum geht, einen fröhlich bunten Blütenmix, eine romantische Symphonie der Pastelltöne oder einen eleganten und dezenten Blütentraum in reinem Weiß oder klarem Blau zusammenzustellen. Schließlich muss man sich rundum wohl fühlen und den Sommer kompromisslos genießen können.

Pantoffelblumen, Eisenkraut und Elfenspiegel bilden einen fröhlichen Farbdreiklang.

Dieser Farbkreis weicht von der Theorie ab, da er Weiß und Pastelltöne berücksichtigt. Sie sind jedoch für die praktische Gestaltung von Bedeutung.

Bild S. 25 links zeigt die Grundfarben Rot, Blau und Gelb, kombiniert mit neutralem Weiß.

Die Farbenlehre

Bei der sommerlichen Balkongestaltung gewinnt die Welt der Farben besondere Bedeutung, weil wir sie spontan wahrnehmen. Farben lösen in jedem Menschen unterschiedliche Gefühle aus, und jeder Stil hat seine eigenen Favoriten: Weiß verbindet man mit Eleganz, Rosa mit Romantik und Blau mit einem mediterranen Le-

bensgefühl. Deshalb ist es wichtig, Blütenfarben behutsam auszuwählen und harmonische Kombinationen zu suchen.

Was ist nun »Farbe«? Physikalisch versteht man unter den so genannten Spektralfarben Lichtstrahlen mit unterschiedlichen Wellenlängen, die zusammen weißes Licht ergeben. Erst wenn die Lichtstrahlen gebrochen werden, sind die Unterschiede erkennbar. Das ist zum Beispiel bei einem Regenbogen der Fall. Farben werden auch sichtbar, wenn Licht auf einen Gegenstand trifft. Hier wird ein Teil der Strahlen von den Farbstoffen, auch Pigmente genannt, aufgenommen, der Rest des Strahlenbündels wird reflektiert und damit sichtbar. Der Mensch sieht kurzwelliges Violett, Blau, Grün über Gelb bis zu Orange und langwelligem Rot.

Weiß und Schwarz nehmen – nun leicht verständlich – eine Sonderstellung ein: Bei einer weißen Fläche werden alle Lichtstrahlen ausnahmslos reflektiert, Schwarz sieht man dagegen nur, wenn eine Substanz alle Strahlen aufnimmt und nichts zurückgestrahlt wird.

Der Farbkreis

Hinter den Farben verbirgt sich also ein naturwissenschaftlich zu erklärendes Beziehungsgeflecht. Um praktisch zu gestalten, verwendet man den Farbkreis. In diesem Schema sind die Spektralfarben nebeneinander kreisförmig angeordnet. Die Grund- oder Primärfarben Gelb, Rot

Schöne Balkone zum Nachpflanzen

(Bild siehe Seite 22)

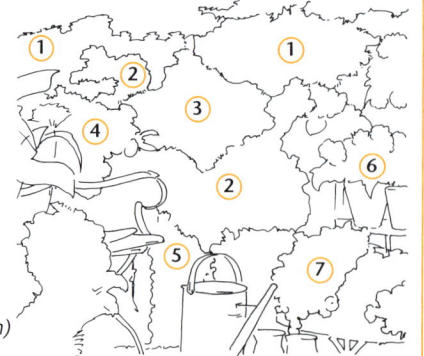

① Strauchmargerite *(Argyranthemum)*
② Husarenknöpfchen *(Sanvitalia)*
③ Blaues Gänseblümchen *(Brachyscome)*
④ Edellieschen
  (Impatiens-Neuguinea-Hybride)
⑤ Kaugummipflanzen *(Satureja douglasii)*
⑥ Begonien *(Begonia)*
⑦ Kapuzinerkresse, buntlaubig *(Tropaeolum)*

und Blau bilden die Spitzen eines im Kreis angeordneten Dreiecks. Auf den Kreisabschnitten zwischen ihnen liegen die Misch- oder Sekundärfarben. Sie ergeben sich jeweils aus den Grundfarben. Zwischen Gelb und Blau liegt Grün, zwischen Blau und Rot liegt Violett und zwischen Rot und Gelb Orange. Mit Hilfe dieses Farbkreises findet man leicht heraus, welche Farben gut harmonieren und als angenehme Kombination empfunden werden.

Harmonischer Kontrast

Sucht man zwei Farben, die gut zueinander passen und sich dennoch unterscheiden, legt man durch den Mittelpunkt des Farbkreises eine Linie. Die Farben, die auf diese Weise verbunden werden, nennt man Komplementärfarben. Sie bilden einen Kontrast, der als angenehm empfunden wird. Ein solches Paar bildet zum Beispiel Blau mit Orange, also eine Primär- mit einer Sekundärfarbe. Analysiert man die

Schöne Balkonkästen zum Nachpflanzen

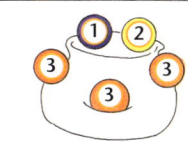

(Bild oben und unten)

① Goldzweizahn
② Strohblume
③ Eisenkraut
④ Petunie

① Vanilleblume
② Strauchmargerite
③ Wandelröschen

Die Balkongestaltung spielt mit dem Farbmuster des Dreiklangs, der sich aus den Grundfarben zusammensetzt. Gelbe Nachtkerzen, rote Zauberglöckchen und Geranien sowie die Blaue Mauritius ergänzen sich perfekt. Weiße Pelargonien und Schneeflockenblumen frischen die Situation zusammen mit den silbrigen Blättern des Lakritzkrautes auf.

Mischfarbe, zeigt sich, dass Komplementärkontraste immer alle drei Grundfarben beinhalten. Im genannten Beispiel setzt sich Orange aus Gelb und Rot zusammen. Zudem gibt es Hell-Dunkel-Kontraste: Gelb ist unter den Spektralfarben der hellste Ton, Violett der dunkelste.

Zauberhafte Trios

Legt man nun statt einer Linie ein gleichseitiges Dreieck in den Kreis, ergeben sich automatisch harmonische Farbkombinationen. Sie wirken ausgewogen, weil Grund- bzw. Mischfarben optisch ansprechend miteinander verbunden werden. Mit zunehmender Buntheit entsteht in jeder Pflanzung Unruhe, so lange das Verhältnis der Farben nicht ausgewogen ist. Nicht außer Acht lassen sollte man Farb-

einflüsse durch bauliche Elemente oder Einrichtungsgegenstände, die die Farbharmonie stören können.

Sanfter Gleichklang

Verwendet man in einer Gestaltung Farbtöne, die im Farbkreis nebeneinander liegen, so spricht man von Ton-in-Ton-Gestaltungen. Wachsen zum Beispiel gelbe Bidens, orange blühende Kapuzinerkresse und rote Geranien zusammen, so verbreitet diese Gestaltung Ruhe, bleibt aber zugleich durch kleine Farbabstufungen spannungsreich. Es ist gut möglich, nur die Helligkeit beziehungsweise die Farbintensität zu verändern. Dann wirkt eine Gestaltung von zum Beispiel violettem Eisenkraut, fliederblauen Petunien und tief lilafarbener Vanilleblume ansprechend.

Wer sich für einfarbige, so genannte monochrome Gestaltungen entscheidet, sollte bemüht sein, Eintönigkeit zu vermeiden. Legen Sie deshalb bei der Pflanzenauswahl großen Wert auf unterschiedliche Blütenformen, denn ein gelber Balkonkasten, in dem man nur margeritenförmige Blüten von Bidens, Gazanie, Husarenknöpfchen und Strauchmargerite findet, wirkt langweilig. Spannung baut sich dagegen auf, wenn man zum Beispiel Löwenmäulchen, Goldknöpfchen und gelblaubiges Lakritzkraut zu Strauchmargeriten und Husarenknöpfchen gesellt. Kombinieren Sie eine hübsche blaue Glaskugel dazu – der gelungene Farbkontrast begeistert.

Die Temperatur der Farbe

Farben vermitteln unterschiedliche Empfindungen, was sich bereits in der Sprache zeigt: »Weiß wie der Schnee«, »eisblau«, »feuriges Rot«, »Gelb wie die Sonne«, ... Entsprechend wird das Spektrum von Gelb über Orange bis hin zu Rot den »warmen« Farben zugeteilt, Blau, Weiß und Grün sind dagegen »kalte« Farben. Und dieses Gefühl vermitteln die Farben auch. So wird man auf einem Balkon mit vorwiegend weißer Farbgestaltung am Abend eher zu einer kuscheligen Wolldecke greifen als auf einem, der ein paar gelbe oder rötliche Tupfer zeigt. Auch wärmen gelbe Blüten angenehm in einer Loggia, in der sich die Sonne rar macht. Andererseits empfinden wir kühle Farben in der heißen Mittagssonne sehr angenehm. Gezielte Farbwahl beeinflusst also die Wohlfühl-Atmosphäre.

Schöne Balkonkästen zum Nachpflanzen

(Bild oben und unten)

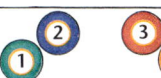

① Pantoffelblume
② Hängepetunie
③ Chinesische Nelke, weiß
④ Chinesische Nelke, rosa
⑤ Dahlie
⑥ Blaumäulchen

① Lakritzkraut
② Kartoffelstrauch
③ Geranie
④ Goldzweizahn
⑤ Strauchmargerite
⑥ Kapmargerite

LIEBELEI MIT ROSA UND WEISS

Traumhaft zart und verspielt wirken die Töne von rosafarbenen und reinweißen Blüten, die viel Raum für romantische Fantasien lassen. Wie ein Sommernachtstraum erscheinen uns die feinen Farben, gepaart mit Blütenformen von Anmut und Eleganz. Und diese zarten Pastelltöne mit ihrem hohen Weißanteil können gerade auf sehr begrenztem Raum kleine Wunder vollbringen, denn ihre Blüten bilden einen gazeartigen Schleier, der die wahre Tiefe verschwimmen lässt und den Hintergrund des Himmels geschickt mit einbezieht. Dadurch entsteht eine ungeahnte räumliche Größe, und die feinen Blütenwolken werden nie lästig, weil sie sich dezent im Hintergrund halten.

Diese Kombination verleitet zu märchenhaften Träumereien. Rund um die rosafarbene Dahlie blüht der Elfensporn (oben) im gleichen Farbton, begleitet vom Weiß der Schneeflockenblume (links) und des Duftsteinrichs (rechts).

Etwas Luxus gefällig? Die überschäumenden Blütenberge weißer Knollenbegonien, Hängepetunien und Schmuckkörbchen sowie das Silberlaub des Lakritzkrautes 'Goring Silver' lassen den Alltag schnell vergessen.

Die Eleganz von reinem Weiß

Von den meisten Balkonblumen gibt es eine Sorte mit weißen Blüten, und so gibt es bei kaum einer Farbe so viele Kombinationsmöglichkeiten wie bei dieser. Weiße Balkongestaltungen wirken edel und kühl, ohne sich besonders stark in den Vordergrund zu spielen. Weiß passt immer, weder bauliche Elemente noch farbige Einrichtungsgegenstände stören sich an dieser Blütenfarbe. Im Gegenteil: Es verbleibt sogar eine gewisse Freiheit bei der Gestaltung, kann man doch mal die blauweiße Tischdecke auflegen, mal mit pinkfarbenem Geschirr eindecken oder bunte Sitzkissen verwenden.

Bei der Pflanzenauswahl empfiehlt es sich, gewisse Schwerpunkte zu setzen und bewahrt trotz aller Eleganz den natürlichen Charme. Weiß blühende Klassiker wie Strauchmargeriten (*Argyranthemum frutescens*), Sauerklee (*Oxalis*), Schneeflockenblumen (*Sutera diffusus*) und weiße Lobelien (*Lobelia erinus*) ergänzen sich perfekt. Die zahlreichen Blüten geben der Eleganz eine liebliche Note, welche durch den weiß blühende Elfenspiegel (*Nemesia frutescens*) und die Präriekerze (*Gaura lindheimeri*) unterstützt wird. Mit Hilfe größerer Blüten, etwa von Kosmeen (*Cosmos bipinnatus*), Dahlien (*Dahlia*-Hybriden) und gefüllten Begonien (*Begonia*), entsteht ein luxuriöser Eindruck. Anmut und Perfektion bringen Pflanzen wie die Lilie (*Lilium*-Hybriden) sowie Rosen (*Rosa*-Hybriden) ins Spiel.

Erfrischend kühl

Das grün-weiße Farbenspiel von Blüten und Blättern lässt sich durch Pflanzen mitweißer Blattzeichnung, der so genannten Panaschierung, noch verstärken. Schmuckblattpelargonien (*Pelargonium*), Gundermann (*Glechoma hederacea*) und Mottenkönig (*Plectranthus coleoides*) besitzen auffällige Blattmuster, und die weißbunten Blätter der Funkien (*Hosta*) passen sehr gut zu Pflanzungen an kühlen Standorten.

Schöne Balkone zum Nachpflanzen

(Bild siehe Seite 28)

① Petunie, hängend (*Petunia*)
② Mehlsalbei, dunkelblau (*Salvia farinacea*)
③ Mehlsalbei, hellblau (*Salvia farinacea*)
④ Fleißiges Lieschen (*Impatiens walleriana*)
⑤ Lobelie, weiß (*Lobelia erinus*)
⑥ Spanisches Gänseblümchen
 (*Erigeron karwinskianus*)
⑦ Mexikanische Minze (*Agastache*)
⑧ Schmucklilie (*Agapanthus*)

Ein Hauch von Farbe

Bei allem Sinn für Eleganz kann das strahlende Weiß aber auch blenden und sehr distanziert wirken – es fehlt die herzliche Note. Elfenbeinfarbene Töne schaffen hier Abhilfe: Die schmalblättrige Zinnie 'White Star' (*Zinnia angustifolia*) und hellgelbe Petunien (*Petunia*) durchbrechen die Kühle, und auch die cremefarbene Blattzeichnung des Küchensalbei 'Icterina' (*Salvia officinalis*) sowie des Lakritzkrautes 'Rondello' (*Helichrysum petiolare*) dämpfen den strahlenden Eindruck.

Die Vielfalt des Pflanzenreiches bietet reichlich Abwechslung, und so trifft man immer wieder auf weiße Blüten, die einen Hauch Andersfarbigkeit ins Spiel bringen. So verfärbt sich zum Beispiel das Spanische Gänseblümchen (*Erigeron karvinskianus*) während der Blüte, womit sich zartes Himbeerrosa in das Farbkonzept mischt. Die Kapmargerite (*Dimorphoteca*) schmückt sich mit einem himmelblauen Kranz in der Blütenmitte und das weiße Wandelröschen (*Lantana-Camara*-Hybriden) bringt gelbe Farbtöne hervor. Wiederholt man diese Farben an einzelnen Stellen, werden sie in ihrer Wirkung verstärkt. In einem Kasten mit Kapmargeriten können sich ein paar hellblaue Lobelien (*Lobelia erinus*) mit Mehlsalbei (*Salvia farinacea*) zusammenfinden, zum Spanischen Gänseblümchen (*Brachyscome*) setzt man eine weiß blühende Hängepelargonie (*Pelargonium*-Peltatum-Hybriden), deren Blütenmitte eine rosafarbene Zeichnung trägt, und zu den Wandelröschen passt Mutterkraut (*Tanace-*

tum parthenium), in dessen Blüte sich Gelb und Weiß wiederholen.

Lichterspiele am Abend

Einen besonderen Reiz hat die Gestaltung mit weißen Blüten vor allem auf dem Feierabend-Balkon. Wer das Freiluftwohnzimmer tagsüber wenig nutzt und bevorzugt am Abend die laue Sommerluft genießen will, ist mit weiß blühenden Balkonblumen gut bedient. Sie reflektieren auch in Dämmerung noch relativ viel Licht, und wenn der Mond scheint, kommt ein magischer Touch dazu.

Diese Idee lässt sich auch gut auf halbschattige bis schattige Balkone übertragen. Neben der schattenverträglichen Schneeflockenblume (*Sutera diffusus*) kommen Hortensien (*Hydrangea*), Begonien (*Begonia*) und Fleißige Lieschen (*Impatiens walleriana*) mit wenig Sonnenlicht aus und lassen am Abend die Lichter tanzen.

Hier geben sich verschiedenste weiße Blüten ein Stelldichein: Dahlien (*Dahlia*-Hybriden), Petunien (*Petunia*-Hyriden), Ziertabak (*Nicotiana sylvestris*) und Duftsteinrich (*Lobularia maritima*) leuchten um die Wette. Selbst in der größten Mittagshitze bleibt dieses Refugium angenehm kühl, und wenn die Sonne am Abend untergegangen ist, spiegelt sich das Mondlicht in den Blüten der Nachtschattengewächse (*Solanum bonariensis* und *S. jasminoides*).

Die pastellfarbene Palette

Pastellfarben unterscheiden sich von den Spektralfarben dadurch, dass sich der reine Farbton mit Weiß mischt. Dies lässt die Farben weich und angenehm wirken. Sehr häufig finden sich hierbei die Kombinationen Weiß mit Rot sowie Weiß mit Violett.

Rosa- und Fliedertöne harmonieren jeweils monochrom gestaltet eben so gut, wie sie dies in der Kombination tun. Da der Blauanteil bei den Farben Mauve und Flieder höher ist, wirken diese Gestaltungen in der Regel dunkler und ruhiger. Rosa dagegen spielt sich fröhlich in den Vordergrund, wirkt aber nur sehr selten wirklich lästig. Beide Farben lassen sich grundsätzlich auffrischen, indem man einzelne weiß blühende Pflanzen dazwischen setzt.

Schöne Balkonkästen zum Nachpflanzen

(Bild oben und unten)

① aufrechte Geranie
② Elfensporn
③ Schneeflockenblume

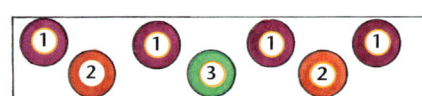

① Petunie, weißblühend
② Petunie, rosarot
③ Geranie
④ Eisenkraut 'Tapien'
⑤ Lakritzkraut

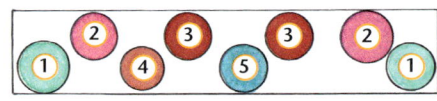

Sommerfantasien in Rosa

Balkongestaltungen in Rosatönen verbreiten guten Laune. Man fühlt sich zwischen den rosigen Blütenwolken von Elfensporn *(Diascia)*, Pelargonien *(Pelargonium)* und rosa Strauchmargeriten *(Argyranthemum frutescens)* wie auf einer rosaroten Wolke. Dabei spielt der tatsächliche Rotanteil eine nicht unbedeutende Rolle: Je heller und zarter die Farbe ist, desto lieblicher und weiblicher wirkt die Gestaltung. Eisenkraut *(Verbena)*, Sommerastern *(Callistephus chinensis)* und Schmuckkörbchen *(Cosmos bipinnatus)* gibt es in den schönsten Rosatönen, und auch mancher Blattschmuck stimmt sich auf diese Farbe ein. Mit dem Küchensalbei 'Tricolor' *(Salvia officinalis)*

sowie dem Flamingoblatt *(Oenanthe japonica)* lässt sich geschickt der rosafarbene Eindruck verstärken.

Legt man den Schwerpunkt dagegen eher auf ein kräftiges Pink, so setzt sich eine modische Note durch. Surfinia-Petunien *(Petunia)* und Zauberglöckchen *(Petunia-*Hybriden) sorgen hier mit leuchtenden Blütenkaskaden für viel Schwung.

Ausgesprochen weiblich und luxuriös stellen sich Gestaltungen dar, die zartes Lachsrosa aufgreifen. Elfensporn *(Diascia)*, Kapkörbchen *(Osteospermum ecklonis)* und einige Pelargoniensorten *(Pelargonium)* haben diese Farbe in ihrem Repertoir. Neben Rot und Weiß mischt sich etwas Gelb unter, was diesen Ton auf den ersten Blick fast fremd wirken lässt. Man kann ihn aber hervorragend mit dem Rotbraun von Terrakottagefäßen kombinieren, so dass der Balkon einen mediterranen Touch erhält.

Ein Hauch von Mauve

Mischt sich dagegen mehr Blau in das Rosa, entsteht der Eindruck von einem hellen Lila. Das Blaue Gänseblümchen *(Brachyscome multifida)*, Eisenkraut *(Verbena-*Hybriden), Blaue Mauritius *(Convulvulus sabatius)* und Petunien *(Petunia-*Hybriden) unterstreichen die blaue Nuance und schenken dem Balkon eine etwas sachlichere Note als einem Balkon in verspieltem Rosé. Zudem kombiniert sich Mauve sehr gut mit blauen Einrichtungselemen-

Schöne Balkonkästen zum Nachpflanzen

(Bild oben)

① Männertreu
② Geranie, weißblühend
③ Eisenkraut
④ Mehlsalbei
⑤ Leinblättriger Gauchheil

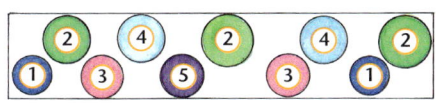

① Duftwicke
② Männertreu
③ Eisenkraut
④ Zauberglöckchen

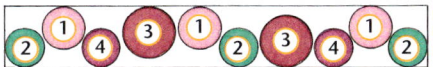

Kräftige Pastelltöne lassen die blauen Accessoires leuchten. Petunien, Lavendel und Elfenspiegel passen sich dem pinkfarbenen Oleander im Hintergrund an.

Treiben ein buntes Farbenspiel mit Pink- und Rosatönen: Petunien, Kapkörbchen und Verbenen.

ten, farblich perfekt ausgewählte Möbel, Stoffe und Gefäße verstärken das Zusammenspiel. Und tauchen dann hin und wieder einige rosafarbene Blütentupfer im blauen Blütenmeer auf, bleibt die Komposition trotzdem harmonisch, denn das Blau kann sich dann nicht zu stark in den Vordergrund spielen.

Klare Akzente setzen

Auf kleinen Balkonen kann sich die Verwendung von Pastelltönen als geschickt erweisen, weil sie die räumliche Weite nicht eingrenzen. Wer jedoch einen größeren Balkon besitzt oder mehrere Meter Balkongeländer mit einem rosafarbenen Blütenband schmücken will, der ist gut beraten, hin und wieder einen neuen Akzent einzubauen. Dabei wählt man in erster Linie Hell-Dunkel-Kontraste und kann sogar bei einer Pflanzenart bleiben. Setzen Sie zum Beispiel zwischen hellrosa Schmuckkörbchen (Cosmos bipinnatus) ein pinkfarbenes Exemplar oder zwischen die Blütenkaskaden der Surfinia-Petunie (Petunia-Hybriden) eine hellrosa Sorte und lockern Sie die Strukturen damit auf. Sie werden feststellen: Ein echter Eyecatcher!

Kombinationen mit Grau

Viele Baumaterialien wie Alu und Beton besitzen die Farbe Grau, einer eher sachlichen Farbe, die häufig langweilig wirkt. Allerdings ist sie auch praktisch, da man Schmutz nicht zu schnell sieht. Mit Hilfe von Pastellfarben lassen sich graue Elemente harmonisch in das Balkonkonzept einbinden. Wählt man eine Mischung aus Schwarz und Weiß zum Leitfaden, bieten sich Zinkgefäße an und eine Möblierung mit Bistrostühlen aus Edelstahl. Das wirkt jung und pfiffig. Silberlaubige Pflanzen runden die Gestaltungen ab: Kleines Lakritzkraut (Gnaphalium microphyllum), Küchensalbei (Salvia officinalis) und Currykraut (Helichrysum italicum) veredeln dieses Farbkonzept mit ihren silbrigen Blättern.

Strauchmargerite

(Argyranthemum frutescens)

Kaum eine Pflanze verbindet Eleganz und Natürlichkeit so unkompliziert wie die Strauchmargerite, die es in den verschiedensten Größen gibt.

Wuchs: Dichtbuschiger Strauch mit fein zerteiltem Laub, das je nach Sorte blaugrau bereift oder matt grün ist.

Blüte: Grundform ist die klassische Margeritenblüte mit weißen Zungenblüten und gelber Mitte; es gibt inzwischen auch einfache, halb gefüllte und dicht gefüllte Formen in Gelb und Rosa.

Standort: Vollsonnig, extrem windige Standorte meiden.

Pflege: Regelmäßiges Düngen, da die Pflanzen einen hohen Nährstoffbedarf haben. Welke Blüten abschneiden.

Überwinterung: Größere Exemplare können an einem kühlen (5–10 °C), hellen Platz überwintert werden. Ab September nicht mehr düngen. Im Frühling werden die Pflanzen kräftig zurück geschnitten.

Extra-Tipp: Bei Zugluft kommt es oft zu Blattlausbefall.

Sorten: 'Butterfly' – hellgelb; 'Summer Melody' – rosa gefüllt.

Sommernelke

(Dianthus-Chinensis-Hybride)

Die botanischen Wurzeln dieser Sommerblumen sind in China. Sie verbreiten ein ländliches Flair auf dem Balkon.

Wuchs: Kompakte, niedrige Blattbüsche, über denen die gestielten Blüten stehen, Höhe zwischen 20 und 30 cm.

Blüte: Typische gefranste Nelkenblüten in Weiß, Rosa und verschiedenen Rottönen, zum Teil auch zweifarbig.

Standort: Vollsonnig, regengeschützt.

Pflege: Eine durchlässige Erde sollte bevorzugt werden, gegebenenfalls mischt man zusätzlich etwas Sand in die Blumenerde; Staunässe unbedingt vermeiden. Etwa alle 14 Tage mäßig düngen. Welke Blüten werden abgeschnitten. Krankheiten, wie Blattläuse und Nelkenrost, treten vor allem bei zu feuchter Erde und zu hohen Gaben an Stickstoffdünger auf.

Extra-Tipp: Nelken kann man im Februar/März auf der warmen Fensterbank (18 °C) aus Samen anziehen. Hübsch wirken die Pflanzen als Mix aus ähnlichen Farben.

Elfensporn

(Diascia vigilis)

Ein Newcomer mit üppigen Blütenständen und natürlichem Charme.

Wuchs: Lockere Büsche aus aufrechten, bisweilen überhängenden Trieben, zwischen 20 und 30 cm hoch.

Blüte: Rachenförmig, dicht in endständigen Trauben in verschiedenen Rosatönen und Korallenrot.

Standort: Sonnig bis halbschattig. Allerdings nimmt die Blühintensität bei geringerem Sonnenschein ab.

Pflege: Pflanzung in leicht saures Substrat. Mäßig düngen und gießen. Staunässe vermeiden. Lässt die Blütenbildung nach, schneidet man die Büsche zurück, so dass sich neue Blütenstände in den folgenden 3 Wochen aufbauen können.

Extra-Tipp: Bei feuchter Witterung kommt es leicht zu Fäulnis.
Es sind verschiedene andere Arten, wie *Diascia barberae*, mit kleinen, altrosa Blüten im Handel.

Sorten: 'Elliot's Variety' – hellrosa; 'Ruby Fields' – großblumig, dunkelrosa; 'Strawberry Sundae' – erdbeerrosa; 'Coral Belle' – korallenfarben.

Spanisches Gänseblümchen

(Erigeron karvinskianus)

Diese charmante Blume kennt man aus südlichen Gefilden, wo sie wild an Mauern und auf Schotter ihre Blütenwolken entfaltet.

Wuchs: Breitet sich kriechend aus, reich verzweigt, Höhe 20–30 cm.
Blüte: Ähnlich wie das heimische Gänseblümchen, allerdings verfärben sich die Blüten im Verblühen von Weiß nach Rosa bis Rot.
Standort: Sonnig, wärmeliebend.

Pflege: Mäßig gießen und düngen. Nehmen die welken Blüten überhand und wirken störend, entfernt man sie mit der Schere.

Extra-Tipp: Ein robuster und pflegeleichter Dauerblüher für Anfänger.

Duftsteinrich

(Lobularia maritima)

Kleine, unkomplizierte Polsterpflanze, deren Blüten einen honigartigen Duft verbreiten.

Wuchs: 10–15 cm hohe, in die Breite wachsende Polster.
Blüte: Kleine, weiße, rosa oder purpurviolette Einzelblüten, die dicht nebeneinander stehen. Sie bedecken nahezu die ganze Pflanze, so dass sie wie eine kleine Schaumkrone aussieht.
Standort: Sonnig, warm.
Pflege: Mäßig gießen und düngen.

Wenn die ersten Blüten welken, schneidet man die Polster einmal kräftig zurück. Nach einer zwei- bis dreiwöchigen Erholungsphase hat sich der Flor prachtvoll regeneriert.

Extra-Tipp: Die kleinen kompakten Büsche sind nicht nur ideale Lückenfüller und Randpflanzen für Balkonkästen, sondern auch hübsch zur sommerlichen Unterpflanzung von Hochstämmchen. Duftsteinrich gedeiht auch in relativ flachen Gefäßen problemlos.

Elfenspiegel

(Nemesia fruticans)

Immer öfter sieht man die aus Südafrika stammenden Schönheiten im Handel. Sie eignen sich sehr gut für lockere Gestaltungen mit Balkonblumen ähnlicher Farbtöne.

Wuchs: Locker buschig, bisweilen leicht übergeneigt, zwischen 40 und 60 cm hoch.
Blüte: Kleine, gespor.te Rachenblüten, je nach Sorte in Weiß, Blauviolett, Hellrosa, typisch ist ein kleiner gelber Fleck in der Mitte.

Standort: Sonnig, warm, gut windverträglich.
Pflege: Regelmäßig gießen und düngen, aber Staunässe unbedingt vermeiden, sonst kümmern die Pflanzen und Wurzelfäule wird gefördert. Welke Blütenstände werden entfernt, um die Neubildung anzuregen.

Extra-Tipp: Besonders wertvoll ist die weiß blühende Form, da sie einen süßlich-fruchtigen Duft verbreitet, der angenehm, aber unaufdringlich ist.

Sorten: 'Innocence'– weiß, überhängend, duftend; 'Blue Bird' – blauviolett, aufrecht; 'Melanie' – hellrosa, aufrecht.

Ziertabak
(Nicotiana × sanderae)

Eine reich blühende Sommerblume, die man auch aus Samen selber anziehen kann.

Wuchs: Dichtbuschig, die Blütenstände bauen sich über dem Blattwerk auf.

Blüte: Sternförmige Röhrenblüten in einer dichten Traube, rosa, rot, weiß, grünlich gelb.

Standort: Sonnig, warm.

Pflege: Regelmäßig und reichlich gießen, hoher Nährstoffbedarf, verwelkte Blüten ausknipsen. Werden Blütenstände unansehnlich, schneidet man sie ab, damit sich neue bilden können.

Extra-Tipp: Hohe Sorten kann man auch sehr schön in größere Töpfe setzen. Dabei kommen sie besonders gut zur Geltung, wenn man die Farben etwas vermischt.

Aussaat im Februar/März. Ziertabak zählt zu den Lichtkeimern, daher die Samen nicht mit Erde abdecken. Im April werden die Sämlinge vereinzelt und ab Mitte Mai ausgepflanzt.

Arten: *N. sylvestris* – weiße Blüten mit sehr langer Röhre, meist in lockerer Traube überhängend, angenehmer Duft in den Abendstunden, Höhe 100–150 cm.

Kapkörbchen, Kapmargerite
(Osteospermum ecklonis)

Ein wahrer Sonnenanbeter, denn nur ganz moderne Sorten öffnen ihre Blüten auch bei bedecktem Himmel. Die klassischen Formen entfalten die Blüten nur bei voller Sonne.

Wuchs: Dichte, kompakte Blatthorste, aus denen die Blütenstiele in die Höhe wachsen; 20–35 cm hoch.

Blüte: Margeritenförmig mit weißen, hellgelben, lachs- oder pinkfarbenen Zungenblüten, zum Teil bizarr geformt, in der Mitte meist schwarzblau gefärbt; Blüten sitzen einzeln auf kräftigen Stielen über dem Laub. Erst im Hochsommer (Juli/August) stehen die Pflanzen üppig in Blüte.

Standort: Vollsonnig, warm, keine anhaltende Nässe, ideal sind Plätze nicht unter freiem Himmel.

Pflege: Mäßig gießen und darauf achten, dass die Erde immer wieder abtrocknet, regelmäßig düngen; Verblühtes entfernen.

Extra-Tipp: Durch den blauen Rand in der Mitte lässt sie sich gut mit blauen Blüten und Elementen kombinieren.

Schneeflockenblume
(Sutera diffusus)

Eine überhängende Pflanze, die immer gepflegt aussieht und sich als sehr robust, anpassungsfähig und langlebig erweist.

Wuchs: Zunächst flache Polster, die im Laufe des Sommers über den Gefäßrand wachsen, meist nicht höher als 10 cm, nicht selten aber bis zu 20 cm lang überhängend.

Blüte: Kleine Einzelblüten zwischen den Blättern, meist in strahlendem Weiß, auch in Hellrosa und hellem Violett.

Standort: Sonnig bis schattig, allerdings ist die Anzahl der Blüten im Schatten deutlich geringer.

Pflege: Regelmäßig gießen und düngen. Staunässe und anhaltende Trockenheit vermeiden. Sehr pflegeleicht.

Extra-Tipp: Die Pflanzen blühen bis in den späten Herbst. Die Sorten mit farbigen Blüten sind meist nicht ganz so robust wie Sorten mit weißen Blüten. Sie reagieren empfindlich auf feuchte Witterung und haben eine geringere Toleranz gegenüber vorübergehender Trockenheit.

GOLDGELBE SYMPHONIE DER SONNE

G elb als Symbol für Sonne und Wärme verheißt unbeschwerte Lebensfreude. Mit der Farbe Gelb wählt man also einen echten Stimmungsmacher für den Balkon, der sich selbst an trüben Tagen mit seiner guten Laune durchsetzt. Und das gilt nicht nur für einfarbige Gestaltungen aus den verschiedensten Balkonblumen-Sortimenten, sondern auch für andere malerische Farbkombinationen. Zusammen mit Rot und Blau ergibt sich ein klassischer Farbdreiklang, Violett stellt den Komplementärkontrast zu Gelb dar. Mit knalligem Pink entsteht ein peppiges Duo, das jung und modern wirkt. Und temperamentvoll zeigen sich Farbverläufe von hellem Gelb bis hin zu tiefem Orange.

Von gelben Studentenblumen, Strauchmargeriten, Begonien und Pantoffelblumen heben sich lila Vanilleblumen und Petunien ab: Ein Spiel der Komplementärfarben.

Zwischen den gelben Blütenwolken von Goldzweizahn und Strauchmargeriten lugen leuchtend rote Blüten von aufrechten und hängenden Geranien hervor.

Schöne Balkonkästen zum Nachpflanzen

(siehe Bild links)

① Strauchmargerite
    (Argyranthemum procumbens)
② Goldzweizahn *(Bidens ferulifolia)*
③ aufrechte Geranie *(Pelargonium)*
④ Hänge-Geranie *(Pelargonium)*

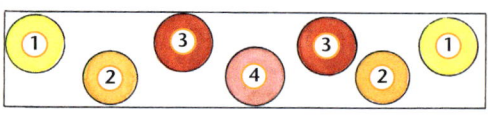

Strahlende Schönheiten

In dem reichhaltigen Sortiment der Balkonblumen entdeckt man zahlreiche Arten, deren Blüten wie kleine Sonnen aussehen. An erster Stelle seien hier die

Sonnenblumen *(Helianthus annuus)* genannt. Hohe Sorten wachsen am besten in standfesten Töpfen. Achten Sie darauf, dass die Pflanzen nicht durch den Wind abgeknickt werden können – also entweder windgeschützt aufstellen oder an einem Bambusstab festbinden. Neben den typisch eintriebigen Sorten, die meist nur eine Blüte tragen, gibt es verzweigte, die am Ende eines jeden Triebes eine Knospe haben. Sie füllen die Situation nicht nur besser, sondern haben auch eine längere Blütezeit, da sich nicht alle Blüten auf einmal öffnen. Die niedrigen Formen kann man dagegen auch in den Balkonkasten pflanzen, denn sie werden kaum höher als eine buschige Strauchmargerite. Sonnenblumenblüten hinterlassen, unabhängig von der Höhe der Pflanze, einen intensiven Farbfleck, der jede Gestaltung bestimmt, denn der Durchmesser eines einzelnen Blütentellers misst ohne weiteres zwischen 8 und 15 Zentimetern.

Im Vergleich dazu kommt einem die Einzelblüte von Husarenknöpfchen *(Sanvita-*

Schöne Balkone zum Nachpflanzen

(Bild siehe Seite 38)

① Sonnenblume *(Helianthus annuus)*
② Husarenknöpfchen
    (Sanvitalia procumbens)
③ Strauchmargerite
    (Argyranthemum frutescens)
④ Zauberglöckchen *(Petunia-Hybride)*
⑤ Geranie, weiß *(Pelargonium-Hybride)*
⑥ Kapuzinerkresse *(Tropaeolum)*
⑦ Petunie *(Petunia-Hybride)*
⑧ Mittagsgold *(Gazania-Hybride)*

lia) und Goldzweizahn *(Bidens ferrulifolia)* geradezu winzig vor. Doch da die Blüten sehr dicht sitzen, entsteht auch hier ein intensiver Farbeindruck. In das sonnige Farbenspiel fallen Strauchmargeriten *(Argyranthemum frutescens)*, Gelbes Gänseblümchen *(Thymophylla tenuiloba)*, Gazanien *(Gazania)*, Dukatentaler *(Anteriscus maritimus)*, Zinnien *(Zinnia)* und Sonnenhut *(Rudbeckia hirta)* mit ein. Sie lassen sich gut kombinieren, doch so richtig kommt das Sonnen-Arrangement erst dann zur Geltung, wenn man auch anders geformte Blüten einplant. Sehr gute Partner sind Löwenmaul *(Anthirrinum majus)* und Zauberglöckchen *(Petunia)*, Nachtkerze *(Oenothera)* und Wandelröschen *(Lantana-*Camara-Hybride).

Ein kraftvoller Farbenmix

Rot heizt die Stimmung an. Meist reichen einige rote Tupfer von Zinnien *(Zinnia)* oder Feuersalbei *(Salvia splendens)* aus, um zwischen gelben Blüten kräftige Akzente zu setzen. Allerdings muss man die beiden Partner etwas bändigen und ist gut beraten, die Blütenformen nicht allzu stark zu variieren. Rote Geranien *(Pelargonium)*, hängend und aufrecht, und dazu gelbe Margeritenblüten von Goldzweizahn *(Bidens)* und Strauchmargeriten *(Argyranthemum frutescens)* wirken wohltuend ausgewogen.

Verbindet man gelbe Blüten mit Pinktönen, macht sich ein modischer Touch bemerkbar. Zauberglöckchen *(Petunia)*,

① Sonnenhut *(Rudbeckia* 'Marmelade')
② Spanisches Gänseblümchen
   (Erigeron karvinskianus)
③ Boretsch *(Borago officinalis)*
④ Mehlsalbei *(Salvia farinacea* 'Strata')
⑤ Basilikum *(Ocimum basilicum)*
⑥ Feuersalbei *(Salvia* 'Scarlet Bicolor')
⑦ Zitronenmelisse *(Melissa officinalis)*
⑧ Tomate *(Lycopersicon)*

① Sterntaler *(Melampodium paludosum)*
② Ziertabak 'Tuxedo Red' *(Nicotiana)*
③ Ziertabak 'Dynamo White' *(Nicotiana)*
④ Petunie 'Cherry' *(Petunia)*
⑤ Husarenknopf *(Sanvitalia procumbens)*
⑥ Blaumäulchen 'Large Blue'
   (Torenia fournieri)

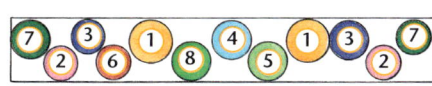

Schöne Balkonkästen zum Nachpflanzen

(Bild oben und unten)

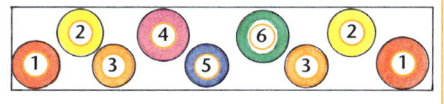

Surfinia-Petunien *(Petunia)* und Wunder-blumen *(Mirabilis jalalpa)* fügen sich in die sonnigen Blütenwolken von Zweizahn *(Bidens)* und Pantoffelblumen *(Calceolaria integrifolia)* ein. Das optische Verhältnis sollte möglichst ausgewogen sein, damit das Rosarot die romantische Harmonie unterstreicht und keine Dominanz entsteht.

① Nachtkerze 'African Sun' *(Oenothera)*
② Männertreu *(Lobelia)*
③ Pantoffelblume *(Calceolaria)*
④ Schmalblättrige Zinnie
   (Zinnia angustifolia)
⑤ Steinsame *(Lithodora diffusa)*

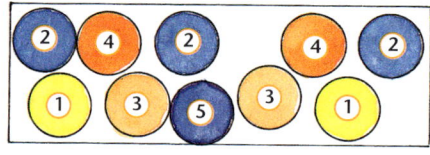

Schöne Balkonkästen zum Nachpflanzen

(Bild oben und unten)

① Schmalblättrige Zinnie *(Zinnia)*
② Zauberglöckchen 'Terracotta'
   (Petunia)
③ Männertreu *(Lobelia)*

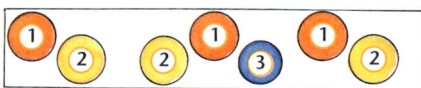

Ein Ausflug ins Orange

Je mehr Rot sich in das Gelb mischt, desto dunkler wird das Gelb und geht schließlich zu Orange über. Viele der gelb blühenden Balkonpflanzen haben orange blühende Sorten, so dass man das Gefühl von angenehmer Wärme verstärken und etwas Exotik ins Spiel bringen kann. Studentenblumen *(Tagetes)*, Zinnien *(Zinnia)*, Kapuzinerkresse *(Tropaeolum)* und Ringelblumen *(Calendula officinalis)* zählen zu den typischen Vertretern in orangefarbenem Blütenkleid. Die verschiedenen Sorten zeigen schöne Farbverläufe von Gelb nach Orange.

Ein starker Kontrast

Zusammen mit blauen Blüten kühlt sich das warme Orange wieder etwas ab. Dieser Komplementärkontrast verlangt nach einem reinen Blau, wie es nicht allzu viele Balkonblumen haben. Männertreu *(Lobelia)*, Leinblättriger Gauchheil *(Anagallis monellii)* und Azur-Salbei *(Salvia patens)* sind die richtigen Partner für derartige Farbgegensätze. Doch es gibt noch eine weitere Möglichkeit: Die Verwendung blauer Gefäße. Viele glasierte Tongefäße

besitzen genau das stählerne Blau, das den Kontrast zu Orange sucht. Damit Sie nun aber keine allzu strenge Polarisierung zwischen orangefarbenen Blüten oben und blauem Topf unten bekommen, planen Sie eine oder zwei Pflanzen Männertreu (*Lobelia*) in die Gestaltung aus Ringelblumen (*Calendula*) und Zinnien (*Zinnia*) ein.

Eine zarte Abkühlung

Je enger der Platz ist, desto schneller wirkt er mit kräftigen Farben überfüllt. Um die Situation aufzulockern, kommen die zitronigen Gelbtöne gerade richtig, bei denen ein kräftiger Schuss weißer Farbe mitmischt. Mit Hilfe hellgelber Petunien (*Petunia*-Hybriden), cremefarbener Studentenblumen (*Tagetes*-Erecta-Hybriden) und

hellgelber Strauchmargeriten (*Argyranthemum frutescens*) wirkt jede leuchtend gelbe Blüte frischer und gleichzeitig dezenter. Zu den Pflanzen, die ihre Farben sehr großzügig versprühen, gehören zum Beispiel die Petunien (*Petunia*-Surfinia-Hybride), sie hängen kaskadenförmig herab, ganz ähnlich wie die Kapuzinerkresse (*Tropaeolum*-Hybride), welche es ebenfalls in hellgelben Sorten gibt. Strauchmargeriten (*Argyranthemum frutescens*) bilden locker aufgebaute Büsche, und die straff aufrecht wachsenden Studentenblumen (*Tagetes*-Erecta-Hybriden) tragen tennisballgroße Blüten zur Schau. Dazu lassen sich gut ein paar orangefarbene Töne von Schmalblättrigen Zinnien (*Zinnia angustifolia*) und terrakottafarbenen Zauberglöckchen (*Petunia*) als Gegenpol setzen.

Das helle Gelb der Petunien und Studentenblumen nimmt die Farbe der Möbel auf. Löwenmaul und Milchstern sind eine perfekte Ergänzung, und die Blüten der Schwarzäugigen Susanne leuchten in kräftigem Orange entgegen.

Goldzweizahn
(Bidens ferulifolia)

Eine wüchsige, reich blühende Pflanze mit buschig überhängendem Wuchs. An dieser Pflanze haben auch Anfänger viel Freude.

Wuchs: 50–60 cm hoch, buschig, überhängende Triebe mit feingliedrigem Laub.

Blüte: Kleine, goldgelbe Blütensterne von Anfang Mai bis Oktober.

Standort: Vorzugsweise sonnig, aber auch für halbschattige Plätze geeignet, allerdings lässt die Blühfreudigkeit bei schlechteren Lichtbedingungen nach.

Pflege: Hoher Nährstoff- und Wasserbedarf aufgrund des üppigen Wachstums. Nach vier Wochen einmal in der Woche düngen oder Langzeitdünger für Balkonpflanzen verwenden.

Extra-Tipp: Die buschigen Pflanzen wirken gut als Solitär in einer Blumenampel. In Kästen benötigen sie viel Platz, um sich entfalten zu können und die Nachbarpflanzen gleichzeitig nicht zu bedrängen. Ist letzteres doch der Fall, lassen sich die Pflanzen problemlos zurückschneiden.

Pantoffelblume
(Calceolaria integrifolia)

Hübsche, niedrige Pflanze, die mit ihren Blüten einen satten Farbklecks bildet. Verträgt keine pralle Sonne.

Wuchs: Kompakte, etwa 30 cm hohe Büsche.

Blüte: Kugelig oval, goldgelb, in doldentraubigen Rispen, reich blühend.

Standort: Helle, halbschattige Lagen, regengeschützt.

Pflege: Reichlich gießen, aber nur mäßig düngen. Die Pflanzen sind empfindlich hinsichtlich zu hoher Nährstoffkonzentrationen im Substrat. Welke Blütenstände müssen entfernt werden, damit sich neue Knospen bilden.

Extra-Tipp: Die leuchtend gelben Blüten sind ein wunderschöner Farbtupfer im Halbschatten. Sie wirken elegant zwischen dunkelgrünen Blattschmuckpflanzen wie Efeu und zusammen mit weißen Blüten, z. B. Eisbegonien (*Begonia*), Fuchsien (*Fuchsia*).

Mittagsgold, Gazanie
(Gazania-Hybride)

Wenn die Sonne scheint, öffnen sich die zum Teil raffiniert gezeichneten Blüten.

Wuchs: Leicht überhängende Polster, die bis 25 cm hoch werden. Die Blätter sind schmal, unterseits schimmern sie silbrig. Die Blüten stehen über dem dichten Blattwerk.

Blüte: Große, margeritenförmige Blüten, meist gelbe Mitte, orangefarbene, weiße oder gelbe Zungenblüten mit klar begrenzter roter oder schwarzbrauner Streifung beziehungsweise Zeichnung, Mai bis Oktober.

Standort: Vollsonnig, wind- und regengeschützt.

Pflege: Wichtig ist ein durchlässiges Substrat, da die Pflanzen nur mäßige Feuchtigkeit vertragen. Wöchentlich düngen oder Langzeitdünger geben. Welke Blüten entfernen.

Extra-Tipp: Die Pflanzen gedeihen auch im Halbschatten, wenn es dort sehr hell ist.

FÜR ORANGE-GELBE GESTALTUNGEN

Sonnenblume
(Helianthus annuus)

Ein Klassiker für den Sommer. Vor allem die niedrigen Sorten eignen sich gut für die Verwendung auf dem Balkon.
Wuchs: Aufrecht, selten verzweigt, zwischen 30 und 250 cm hoch.
Blüte: Körbchenblüten in allen Variationen: gefüllt, einfach, halb gefüllt, goldgelb, hellgelb, rotbraun, auch zweifarbig, Juli bis Oktober.
Standort: Vollsonnig, warm, geschützt.
Pflege: Regelmäßig gießen, aber Staunässe vermeiden, selbst gezogene Pflan-

zen müssen reichlich mit Nährstoffen versorgt werden, knospige Fertigware braucht dagegen regelmäßig geringe Nährstoffgaben. Hohe Sorten sollten mit einem Bambusstab gestützt werden, damit sie bei Wind nicht umknicken.

Extra-Tipp: Die Blütezeit ist bei wenig verzweigten Sorten eher gering, daher sollte man zwei Sätze ab März in einem Abstand von vier bis sechs Wochen aus Samen anziehen.

Niedrige Sorten (ca. 30–60 cm hoch): 'Pacino' – mehrere Blüten pro Pflanze; 'Gelber Knirps' – gefüllt; hohe Sorten (100–160 cm hoch): 'Sonja' – verzweigt; 'Icarus' – zitronengelb; 'Valentin' – hellgelb; 'Musikbox' – Mischung in Braunrot, auch geflammt.

Strohblume
(Helichrysum bracteatum)

Sommerblume, die sich in der Trockenfloristik einen Namen gemacht hat und typisch für den ländlichen Stil ist.
Wuchs: Aufrecht, horstartig, Höhe zwischen 30 und 100 cm.
Blüte: Kleine, halbgefüllte Blütenköpfchen, die sich papierartig anfühlen. Alle Farben außer Gelb, Weiß, Orange, Rotbraun, Dunkelrot und Rosa.
Standort: Sonnig, warm.
Pflege: Regelmäßig gießen, Boden darf mäßig trocken sein, nur alle zwei Wo-

chen mäßig düngen. Verblühtes entfernen, um die Knospenbildung anzuregen.

Extra-Tipp: Für die Bepflanzung von Kästen verwendet man niedrige, maximal 40 cm hohe Sorten. In Kübeln und Töpfen können auch höhere Sorten Verwendung finden, wenn man ihnen mit Bambusstäben etwas Halt gibt.

Nachtkerze
(Oenothera-Hybride 'African Sun')

Eine Nachtkerze, die auch am Tag ihre zitronengelben Blüten öffnet.
Wuchs: Polsterartig, bis 30 cm hoch.
Blüte: Schalenförmig, leuchtend Gelb, reich blühend, Anfang Juni bis Oktober, bei schlechter Witterung bleiben die Blüten geschlossen.
Standort: Sonnig, warm.
Pflege: In durchlässige Erde pflanzen, regelmäßig gießen, wöchentlich niedrig dosiert düngen, verträgt kurzzeitige Trockenheit.

Überwinterung: An windgeschützten Stellen überwintern, Schutz vor Trockenheit und Kahlfrost. Neuaustrieb im Frühling vor Spätfrösten schützen.

Extra-Tipp: Die Schönheit gehört zurzeit noch zu den Liebhaberpflanzen. Dennoch sollte man nach ihr suchen, denn die Pflanzen sind gesund und robust. Sie füllen Lücken in Balkonkästen und eignen sich zur Unterpflanzung von Hochstämmchen.

BALKONBLUMEN

Husarenknöpfchen
(Sanvitalia procumbens)

Seine Blüten erinnern an winzige Sonnenblumen, die dicht verstreut hängende Triebe zieren.

Wuchs: Überhängende, dichte Polster mit kleinen, oval-lanzettlichen Blättern.

Blüte: Kleine gelbe Sonnenblumenblüten, braune oder grüngelbe Mitte, Durchmesser etwa 1 cm.

Standort: Sonnig.

Pflege: Durchlässige Erde; mäßig gießen und düngen; welke Blüten ab-schneiden; werden die Triebe struppig, kürzt man sie um zwei Drittel ein, damit sie sich wieder dicht und kompakt aufbauen.

Extra-Tipp: Husarenknöpfchen eignen sich gut für die Ränder von Blumenkästen, so dass sie ihre überhängenden Triebe locker nach unten wachsen lassen können. Man kann sie auch als Ampelbepflanzung und für so genannte »hanging baskets« verwenden. Wichtig: Im Handel werden unterschiedlich kompakt wachsende Sorten angeboten. Daher beim Kauf fragen, wie sich die jeweilige Pflanzen entwickelt.

Studentenblume
(Tagetes-Hybride)

Robustheit, Blühfreudigkeit und Formenreichtum hat diesen Balkonblumen zu einem der ersten Plätze auf der Beliebtheitsskala verholfen.

Wuchs: Kompakt buschig, aufrecht, zwischen 20 und 30 cm hoch.

Blüte: Je nach Gruppe wildblumenartig klein und zierlich *(T. tenuifolia)*, mittelgroß *(T.-Patula-Hybride)* oder fast tennisballgroß und pomponartig gefüllt *(T.-Erecta-Hybriden)*, gelb, orange oder rostrot, teilweise zweifarbig.

Standort: Sonnig bis halbschattig; an warmen Standorten entwickeln sich die Pflanzen üppiger.

Pflege: Regelmäßig gießen und düngen; welke Blüten entfernen.

Extra-Tipp: Tagetes brauchen große Pflanzabstände zu den Nachbarn, da sich die Büsche in den ersten Sommerwochen sehr schnell entwickeln. Sie lassen sich leicht aus Samen anziehen, Aussaat zwischen Januar und März auf der warmen Fensterbank. Studentenblumen verströmen einen herben Duft, daher nicht zu nah neben den Sitzplatz pflanzen.

Gelbes Gänseblümchen
(Thymophylla tenuiloba)

Pflegeleichter, selbst putzender Lückenfüller, der leider noch sehr selten und daher eher ein Geheimtipp ist.

Wuchs: Breit wüchsig, niedrig, wird etwa 20 cm hoch.

Blüte: Kleine Gänseblumenblüten in leuchtendem Goldgelb, Durchmesser etwa 2 cm.

Standort: Sonnig, warm.

Pflege: Mäßig gießen und nur schwach dosiert düngen; sitzen viele welke Blüten an den Triebspitzen, schneidet man die Büsche einmal bis zu den Blättern zurück, um den Neuaustrieb anzuregen.

Extra-Tipp: Diese Pflanze breitet sich dekorativ am Fuß von Hochstämmchen aus. Sie passt gut zu gelben Rosen, orangegelben Wandelröschen *(Lantana)* und gelben Strauchmargeriten *(Argyranthemum)*. Die kompakten Kissen kann man aber auch gut zu Studentenblumen *(Tagetes)* pflanzen oder mit Blauen Gänseblümchen *(Brachysome)*, Hängeverbenen *(Verbena)* und Pantoffelblumen *(Calceolaria)* kombinieren.

Kapuzinerkresse

(Tropaeolum-Hybriden)

Die Kapuzinerkresse erfreut sich großer Beliebtheit und es gibt ein großes Angebot verschiedenster Sorten. Ihre Blüten schmücken nicht nur den Balkon, sondern auch Sommersalate und kleine Snacks, denn sie sind essbar.

Wuchs: Buschig überhängend mit bis zu 2 m langen Trieben *(T.*-Majus-Hybriden); buschig, kompakt, etwa 30 cm hoch *(T.*-Nanum-Hybriden).

Blüte: Trichterförmig, asymmetrisch, gelb, orange, verschiedene Rottöne, zum Teil dicht gefüllt.

Standort: Sonnig bis halbschattig, allerdings bilden sich bei geringerem Sonnenlicht weniger Blüten; windgeschützte Standorte sind zu bevorzugen, da die zarten Triebspitzen bei Blattläusen sehr beliebt sind.

Pflege: Reichlich gießen, allerdings die Erde immer wieder abtrocknen lassen; mäßig düngen, dabei auf Stickstoff betonte Dünger verzichten, da sich sonst viel Blattmasse entwickelt aber nur wenige Blütenknospen. Verwelkte Blüten entfernen; sind die Triebe voller Blattläuse, empfiehlt es sich, die Spitzen komplett abzuschneiden und anschließend mit einer Brennnesselbrühe zu spritzen. Wichtig ist in diesem Fall auch, den Standort zu verändern und Zugluft zu vermeiden. Kletternde Kapuzinerkresse benötigt eine Kletterhilfe, an der die Triebe Halt finden.

Extra-Tipp: Die meisten Sorten der Kapuzinerkresse kann man aus Samen selber ziehen. Die Körner werden im April direkt in den Topf gelegt oder im März gesät und auf der Fensterbank vorgetrieben. Gefüllte Sorten lassen sich nicht aus Samen ziehen. Besonders dekorativ sind Sorten mit unregelmäßig gelb gefleckten Blättern. Manche rot blühende Form besitzt raffiniert rotgrüne Blätter, die besonders gut zu Ton-in-Ton-Kombinationen passen.

Sorten: 'Alaska' – verschiedene Blütenfarben, 20 cm hoch, cremefarben marmorierte Blattzeichnung; 'Empress of India' – dunkelrote Blüten, 20 cm, dunkelgrünes Laub mit rötlichem Hauch; 'Whirlybird Cream' – hellgelbe Blüten, 30 cm hoch; 'Strawberries and Cream' – hellgelb mit orangeroten Saftmalen auf den Blütenblättern.

Zinnie

(Zinnia elegans)

Dankbare Sommerblume, die auf dem Balkon das Flair bunt blühender Gärten verbreitet.

Wuchs: Buschig, kompakt, zwischen 15 und 20 cm hoch.

Blüte: Rund, zum Teil ballförmig gefüllte Blüten in Weiß, Gelb, Grün, Rosa, Rot, Orange.

Standort: Sonnig, warm, windgeschützt.

Pflege: Pflanzung erst Ende Mai; Erde gleichmäßig feucht halten, regelmäßig düngen, dabei auf ein ausgewogenes Verhältnis zwischen Stickstoff und Phosphor achten, nicht Stickstoff betont düngen; welke Blüten entfernen, um die Knospenbildung anzuregen.

Extra-Tipp: Als Lückenfüller wirken die Sorten von *Zinnia angustifolia*, die ungefüllt orange beziehungsweise cremeweiß blühen, besonders dekorativ. Sie blühen sehr zuverlässig.

Sorten: 'Peter Pan-Serie' – 30 cm hoch, große Blüten; 'Dreamland-Serie' – bis 25 cm hoch, sehr große Blüten, Durchmesser 10 cm; 'Thumbelina' – 15 cm hoch, dahlienförmige Blüten.

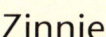

AUF EINER ROSAROTEN WOLKE

Kaum eine Farbe zeigt sich so tempramentvoll wie das leuchtende Rot. Mit dem Grün der Blätter bringt sie auch gleich ihren Komplementärkontrast mit. Wer mit der Farbe der Liebe gestaltet, muss wissen, dass sie alles andere als dezent ist und sich immer wieder bewunderungsheischend in den Vordergrund drängt. Das hat auch nicht unbedeutenden Einfluss auf die räumliche Wirkung rot blühender Pflanzen: Sie engen optisch ein, da sie in der Regel den Blick auf sich ziehen und keine Distanz ermöglichen. Auf kleinen Balkonen muss also ein Partner gefunden werden, der Abkühlung verschafft. Weiß erweist sich hier als perfekt und es entsteht eine Kombination, die Lust auf den Sommer macht.

Ein Blütenpotpourri aus Petunien, Geranien, Margeriten und Duftsteinrich in zartem Weiß sowie Dahlien und Geranien in verschiedenen Rottönen. Die roten Blüten oben wirken rein und feurig warm, während die unteren mit ihrem stärkeren Blauanteil kühl wirken.

Leuchtende Signale setzen

Mit roten Blüten wird der Sommer garantiert feurig. Dabei wirkt das reine Rot – frei von kühlenden Blauanteilen – besonders klar und warm. Dieser Farbton findet sich recht häufig im Sortiment der Balkonblumen: Geranien *(Pelargonium)*, Feuer- als auch Scharlach-Salbei *(Salvia splendens* und *S. coccinea)*, sowie Petunien *(Petunia*-Hybride) und Eisenkraut *(Verbena*-Hybride) spielen mit der Farbe der Liebe. Sie treffen mit ihren Sorten immer wieder den gleichen klaren Ton und können deshalb ohne Probleme großflächig verwendet werden. Auch an einem trüben Tag setzen die Blüten ein fröhliches Signal. Allerdings braucht es für Gestaltungen ganz in Rot ein maßvolles Händchen, um von so viel Farbe nicht überwältigt zu werden.

Geschickt lassen sich ein paar weiße Blüten von Schneeflockenblumen *(Sutera diffusus)*, Duftsteinrich *(Lobelia maritima)* und

Scharlach-Salbei und rote Petunien sorgen für ein Farbenfeuerwerk auf dem Balkon. Eine diplomatische Verknüpfung zum weißen Ambiente schaffen zart weiße Schneeflockenblumen.

gefüllt blühenden Strauchmargeriten *(Argyranthemum frutescens)* einstreuen, damit sich das leuchtende Rot etwas abkühlt. Perfekt zeigen sich Balkongestaltungen, bei denen auch die Einrichtung in dieses Farbenspiel mit einstimmt. Über weiße Stühle und Wände werden rot-weiße Stoffen drapiert, der Sichtschutz trägt ein rot-weißes Streifenmuster und die Gießkanne leuchtet feuerrot.

Wer ganz bewusst die Situation anheizen will, kann Strukturpflanzen mit Blättern, die mehr rot als grün wirken, in die Pflanzung mit einbauen. Rotlaubige Sorten der Kapuzinerkresse *(Tropaeolum*-Hybriden), Buntnesseln *(Solenostemon)* und Zierklee *(Oxalis repens)* sind hierfür gut geeignet. Zudem bietet sich ein kleiner Ausflug in das Reich der mehrjährigen Gartenblumen an: Purpurglöckchen *(Heuchera*-Hybride) warten mit einem variantenreichen Sortiment auf. Wer Platz für einen Kübel hat, bepflanzt ihn mit dem Indischen Blumenrohr 'Tropicanna' *(Canna indica)*, dessen Blätter reizvolle Farbmuster mit orangeroten Tönen präsentieren, wenn die Abendsonne hindurchscheint. Auch Orange lässt sich in die Bepflanzung aufnehmen, indem man einige Zinnien *(Zinnia*-Hybride) oder Studentenblumen *(Tagetes patula)* zu den feurigen roten Blumen ergänzt.

Wenn es durch und durch feurig auf dem Balkon zugehen soll, bieten sicht Chili *(Capsicum frutescens)* zwischen den rot blühenden Pflanzen an. Ihre schmalen, länglichen Schoten verfärben sich von Grün

Schöne Balkone zum Nachpflanzen

(Bild siehe Seite 48)

① Eisenkraut *(Verbena)*
② Knollenbegonie *(Begonia)*
③ Duftsteinrich *(Lobularia maritima)*
④ Elfenspiegel *(Nemesia frutescens)*
⑤ Vanilleblume *(Heliotropium)*
⑥ Blaue Mauritius *(Convolvulus sabatius)*

nach Rot und leuchten den ganzen Sommer. Wenn Ihnen das zu »heiß« wird, können Sie einen ähnlichen Farbeffekt auch mit einer kleinfrüchtigen, buschigen Balkontomate *(Lycopersicum)* erzielen.

Von Rustikal bis britisch

Bei allem Temprament, das rote Pflanzkombinationen versprühen, kann die Farbe sehr wohl auch Stil prägend sein. Was wäre zum Beispiel ein sommerlicher Balkon im Bayern-Look ohne die opulenten Blütenbälle aufrechter Geranien *(Pelargonium*-Zonale-Hybriden) und dicht gefüllter Hängebegonien *(Begonia*-Elatior-Hybriden). Auch ein paar kugelige Zinnienblüten *(Zinnia*-Hybriden) in klarem Rot, Feuersalbei *(Salvia splendens)* und Dahlien *(Dahlia*-Hybriden) leuchten dem weiß-blauen Sommerhimmel entgegen.

Stellt man sich ein traditionelles englisches Karomuster vor, so gesellt sich – unabhängig davon, ob der Untergrund blau oder grün ist – immer ein roter Streifen mit dazu. Er gibt den, allerdings dezenten, Pfiff. Entsprechend wird man auf einem britisch angehauchten Balkon immer ein paar rote Blütentupfer zwischen den grünen Blättern finden. In diesem Fall darf es auch mal etwas Ausgefallenes sein, etwa die Schwester des Zigarettenblümchens, die Mickymaus-Pflanze *(Cuphea llavea* 'Tiny Mice'), aber auch die Maskenblume *(Alonsoa × meridionalis)*. Englische Eleganz unterstreicht der Scharlach-Salbei *(Salvia coccinea)* mit locker aufgebauten und zier-

Schöne Balkonkästen zum Nachpflanzen

(Bild oben und unten)

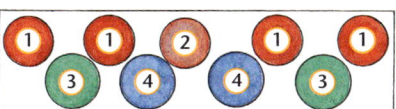

① Geranie
② Hängegeranie
③ Nachtkerze
④ Leinbl. Gauchheil
⑤ Geranie
⑥ Edellieschen
⑦ Nierembergie
⑧ Blaue Mauritius

Wie eine rote Blütengirlande, die sich klar vom Hintergrund absetzt, überspannen die Edellieschen dieses Arrangement. Rechts und links entfaltet jeweils eine Surfinia-Petunie mit blauvioletten Blüten ihre Kaskade, und als farblicher Ruhepol legen sich die drahtigen Triebe des kleinblättrigen Lakritzkrautes besänftigend dazwischen.

Ein kunterbunter Mix aus pinkfarbenen Surfinia-Petunien, rosaroten Geranien sowie knallrotem Feuersalbei und Geranien-Sorten in unterschiedlichstem Rot! Goldgelbe Blütchen der Strohblume leuchten dazwischen wie kleine Sterne hervor und unterstreichen die Frische dieser modernen Farbkomposition.

lich wirkenden Blütenständen. Der blau blühende Azur-Salbei (Salvia patens) sowie das kirschrote Zauberglöckchen (Petunia-Hybride) wirken »very british«.

Wohlklingendes Trio

Der klassische Dreiklang lebt von der Harmonie der Grundfarben Gelb, Rot und Blau. Zusammen in einem Balkonkasten verwendet, verbreiten diese Blütenfarben eine fröhliche Stimmung. Dabei ist es wichtig, auf ein ausgewogenes Verhältnis zwischen den Farben zu achten und sie gleichmäßig zu verteilen. Wählt man zum Beispiel ein blauviolette Hängepetunie (Petunia-Hybride), so ergänzt man sie vorzugsweise durch aufrechte Geranien (Pelargonium-Zonale-Hybride) und füllt die Lücken mit Nachtkerzen (Oenothera). Bevorzugt man dagegen eine rote Kaskade von hängenden Geranien (Pelargonium-Peltatum-Hybride) und Eisenkraut (Verbena-Hybride), lassen sich sehr gut gelbe Strohblumen (Helichrysum bracteatum) als aufrecht wachsende Pflanze dazu kombinieren und die Lücken dazwischen mit den kleinen Kissen des Männertreu (Lobelia erinus) füllen.

Die Farbe der Liebe

Wenn es etwas sanfter und gefühlvoller zugehen soll, wird man sich auf Blüten besinnen, bei denen sich die Farbe Blau in das Rot mischt. Das kühlt zwar den Farbton etwas ab, wirkt jedoch im Vergleich zu glühenden Rottönen sehr viel weniger aufdringlich und bringt eine wohlige Wärme mit sich. Bei Geranien (Pelargonium), Edellieschen (Impatiens-Neuginea-Hybriden) und Petunien (Petunia) findet sich diese sanfte Farbvariante. Unterstreicht man sie mit einigen pinkfarbenen Tupfern von Hortensien (Hydrangea macrophylla) und Dahlien (Dahlia-Hybriden), wird der Balkon bald in eine rosarote Wolke eingehüllt sein. Der fliederfarbene Akzent, den die Blaue Mauritus (Convulvulus sabatius) mitbringt, wirkt belebend auf das Arrangement.

BALKONPFLANZEN IN ROT

Maskenblume
(Alonsoa × meridionalis)

Eine bezaubernde Rarität, für die man sich die Mühe der Aussaat machen sollte, da sie nur sehr selten im Handel ist.
Wuchs: Locker buschig, bis 50 cm hoch.
Blüte: Unregelmäßig, trichterförmig, ähnlich wie Elfensporn *(Diascia)*, Blütendurchmesser 3 cm; verschiedene Rottöne, lachsfarben und weiss.
Standort: Sonnig, warm, geschützt.
Pflege: Pflanzung in lockere, nährstoffreiche Erde; mäßig feucht halten; regelmäßig düngen; die jungen Triebspitzen werden ausgeknipst, damit die Pflanzen buschiger werden; welke Blütenstände entfernen.

Extra-Tipp: Die Pflanzen werden im Februar/März ausgesät, dabei die Samen nur dünn bedecken; anschließend gleichmäßig feucht halten und bei 15 °C hell aufstellen; je später die Pflanzen ausgesät werden, desto später beginnt die Blüte; frühestens Mitte Mai auspflanzen, wenn kein Frost mehr zu erwarten ist.

Zigarettenblümchen
(Cuphea llavea 'Tiny Mice')

Den Namen »Mickymaus-Pflanze« verdankt dieser Halbstrauch seinen raffiniert geformten Blüten. Die Schwester dieser Neuheit ist *Cuphea ignea*, das lange, orangerote Röhrenblüten trägt, die an der Spitze einen weiß-schwarzen Ring tragen, der Ähnlichkeit mit einer brennenden Zigarette hat.
Wuchs: Dicht buschig, aufrecht bis leicht überhängend, 30–50 cm hoch.
Blüte: Rotviolette Röhrenblüten, 3–4 cm lang, an der Spitze zwei große, scharlachrote Kronblätter, die an Mäuseohren erinnern.
Standort: Sonnig bis halbschattig, bei weniger Licht nimmt die Blühfreudigkeit ab.
Pflege: Pflanzung in strukturstabile, leicht saure Erde; reichlich gießen, doch Staunässe vermeiden, regelmäßig düngen.

Extra-Tipp: Durch den leicht überhängenden Wuchs eignen sich die Zigarettenblümchen sehr gut für die Ampelbepflanzung. Gelegentlicher Rückschnitt wird gut vertragen, der Blütenreichtum leidet darunter nicht.

Feuersalbei
(Salvia splendens)

Diese in Brasilien beheimatete *Salvia*-Art spielt mit roter Farbe. Je nach Sorte kann diese mal violett mal feuerrot sein. Feuersalbei hat wenig Ähnlichkeit mit Küchen- oder Sommersalbei.
Wuchs: Buschig, kompakt, wird zwischen 20 und 25 cm hoch.
Blüte: Kegelförmige, lange Blütentrauben, die sich aus den roten Lippenblüten zusammensetzen.
Standort: Sonnig, warm, wind- und regengeschützt.
Pflege: Gleichmäßig feucht halten, allerdings sollte Staunässe unbedingt vermieden werden, regelmäßig schwach dosiert düngen; braun werdende Blütenstände entfernen, damit die Pflanzen neu durchtreiben können.

Extra-Tipp: Die Blütenfarbe hat eine starke Signalwirkung, die mit klaren Farben wie dem Goldgelb von Goldzweizahn *(Bidens)* und dem leuchtenden Blau des Männertreu *(Lobelia)* gut zu kombinieren ist. Allerdings sollte man nie zu viel von den roten Blüten einplanen, da sie sich in den Vordergrund spielen.

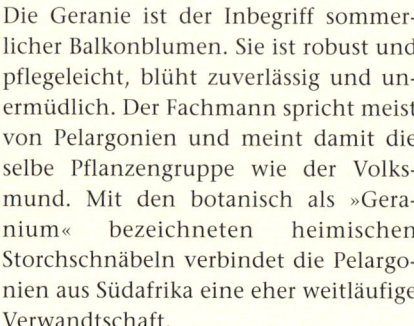

Pelargonie, Geranie
(Pelargonium-Hybriden)*

Die Geranie ist der Inbegriff sommerlicher Balkonblumen. Sie ist robust und pflegeleicht, blüht zuverlässig und unermüdlich. Der Fachmann spricht meist von Pelargonien und meint damit die selbe Pflanzengruppe wie der Volksmund. Mit den botanisch als »Geranium« bezeichneten heimischen Storchschnäbeln verbindet die Pelargonien aus Südafrika eine eher weitläufige Verwandtschaft.

Es gibt unzählige verschiedene Sorten, zu denen jedes Jahr ein paar neue hinzukommen. Sie lassen sich recht übersichtlich in Gruppen einteilen. So gibt es zum Beispiel die aufrecht wachsenden Geranien *(Pelargonium*-Zonale-Hybriden), Hänge-Geranien *(Pelargonium*-Peltatum-Hybriden) mit kaskadenbildenden Trieben, Blattschmuckgeranien, die auffällig gezeichnetes Laub besitzen, Duftpelargonien mit duftenden Blättern und Wildgeranien mit filigranem Blattwerk und fein zerteilten Blüten (Porträt siehe Seite 81). Innerhalb der letzten beiden Gruppen lässt sich die Abgrenzung nicht ganz streng ziehen. Immer beliebter werden auch einige in England verbreiteten Sorten, die sich durch kleine Blätter und verhältnismäßig große Einzelblüten auszeichnen.

Wuchs: Bis auf die Hängegeranien *(P.-*Peltatum-Hybriden) mit überhängenden Trieben, wachsen alle Pelargonien buschig. Die aufrechten Sorten *(P.-*Zonale-Hybriden) bleiben meist sehr kompakt (Höhe bis 30 cm), ebenso die Blattschmuckgeranien. Englische Pelargonien verzweigen sich stark, wachsen aber nur langsam und bleiben deshalb

Oben: Ein blütenreicher Sommer. Unten von links nach rechts: 'Mexikaner', 'Alba', 'Bravo'.

recht kompakt (Höhe etwa 30 cm). Spezielle Kulturmaßnahmen ermöglichen auch meterhohe Säulenspaliere und Hochstämmchen von Hänge- beziehungsweise aufrechten Pelargonien.

Blüte: Die Farbpalette der Pelargonien umfasst das gesamte Spektrum von Rot- und Rosatönen. Daneben gibt es weiße Sorten. Die Blüten stehen in einer Dolde auf festem Stiel. Diese ist bei aufrechten Sorten und Hängegeranien sehr ausgeprägt, zum Teil fast ballförmig. Bei den anderen Formen treten die Dolden weniger auffällig und meist recht locker in Erscheinung. Grundsätzlich unterscheidet man gefüllte, halb gefüllte und ungefüllte Blüten. Ein wichtiges Kennzeichen für die Blütenqualität aus Sicht der Züchter ist die Selbstreinigung der Blütenstände, sprich, ob die Blütenblätter von alleine abfallen, was wünschenswert ist, oder trocken an den Stielen haften bleiben.

Standort: Vollsonnig, warm, gerne auch trocken, heiß, im Halbschatten weniger blütenreich; Blattschmuckpelargonien brauchen ausreichend Licht für eine gute Ausfärbung, bei praller Sonne können die weißen Blattpartien aber auch verbrennen.

Pflege: Mäßig gießen, gelegentliche Trockenheit verkraften die Pflanzen sehr gut. Anhaltende Feuchtigkeit und Staunässe beeinträchtigt Wachstum und Blühfreudigkeit. Regelmäßig und ausreichend mit Nährstoffen versorgen. Ausputzen welker Blütenstände; Dolden mit Stiel abschneiden.

Überwinterung: Es gibt mehrere Möglichkeiten der Überwinterung. Zum Beispiel schneidet man die Pflanzen im Herbst zurück und stellt sie kühl und hell auf. Für dunkle Überwinterungsplätze lässt man die Erde abtrocknen, topft die Pflanzen aus und schüttelt die

Erde ab. Anschließend werden die Triebe eingekürzt und die Pflanzen kopfüber an Bast aufgehängt. Im März schneidet man die Pflanzen stark zurück, topft sie ein und treibt sie auf der sonnigen, hellen Fensterbank wieder an. Oder Sie lassen im Hochsommer Stecklinge bewurzeln und überwintern sie dann kühl und hell. Diese Mühe lohnt sich vor allem für seltene Raritäten (siehe Seite 157).

Extra-Tipp: Pelargonien, die nicht recht blühen und gelbe Blätter bekommen, stehen in der Regel zu nass. Lassen Sie die Erde gut abtrocknen und gießen Sie mit Maß.

Oben: Hänge-Geranien in Rosa und Rot. Unten: Pelargonien sind sehr abwechslungsreich.

EIN HAUCH ROMANTIK BLÜHT AUF

Wer mediterrane Urlaubsstimmung auf dem Balkon verbreiten will, ist mit Blautönen gut beraten. Schließlich verbindet man mit dem kühlenden, klaren Farbton nicht nur die Farbenspiele des Meeres, sondern kann in seinen Balkonträumen noch ein wenig die weißen Häuser und blauen Fensterlaibungen Griechenlands oder die lilablauen Lavendelfelder der Provence vorbei ziehen lassen. Kein Wunder, dass Blau – die Farbe der Treue – auf dem Balkon besonders beliebt ist. Das kühl erscheinende Blau wirkt auf sonnig heißen Balkonen angenehm, und mit dem rötlichen Abendlicht der untergehenden Sonne macht sich eine bezaubernde, fast magische Stimmung breit.

Machen Sie doch mal »blau«! Mit Hilfe von Kornblumen, Leberbalsam, Fächerblume, Blauer Mauritius und Blauen Gänseblümchen verbreitet sich das gute Gefühl von unendlicher Weite und traumhaften Sommerurlauben.

Schöne Balkonkästen zum Nachpflanzen

(siehe Bild links)

① Männertreu (*Lobelia erinus*)
② Studentenblume (*Tagetes*)
③ Husarenknöpfchen 'Aztekengold' (*Sanvitalia*)
③ Elfenspiegel (*Nemesia frutescens*)

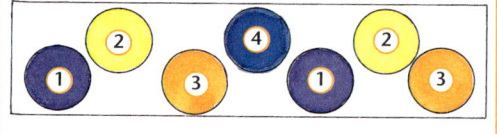

Das sieht nach einem wunderschönen Sommermorgen aus. Blaues Männertreu schmückt die Ecken des Balkonkastens, während in der Mitte unzählige Husarenknöpfchen ihre sonnigen Blüten aufspannen. Die farbliche Beziehung zu den aufrecht wachsenden Pflanzen überkreuzt sich: Rechts und links blühen gelbe Studentenblumen, und in ihrer Mitte mischt ein blau blühender Elfenspiegel mit.

Wie der Himmel und das Wasser

Während sich die blauen Blüten im sommerlichen Blumengarten rar machen, zeigt sich das Sortiment für den Balkongärtner vielfältig und abwechslungsreich. Viele dieser Arten haben einen überhängenden Wuchs. Petunien (*Petunia*-Hybriden) und Blaue Mauritius (*Convulvulus sabatius*), Fächerblume (*Scaevula saligna*) und Männertreu (*Lobelia erinus*) bilden malerische Kaskaden, die zum Schwelgen und Träumen einladen. Zugleich entstehen im Laufe des Sommers große blaue Farbkleckse, die mit Azur-Salbei (*Salvia patens*) und Kapastern (*Felicia amelloides*) einen dezenten, aufrechten Gegenpol bekommen. Als Lückenfüller gesellen sich Männertreu (*Lobelia erinus*), Blaues Gänseblümchen (*Brachyscome*) und die lilablauen Sorten des Duftsteinrichs (*Lobularia maritima*), so dass man auch die Zwischenräume mit kleinen, kompakten Polstern füllen kann.

Die nordische Kombination

Klares Blau und strahlendes Gelb sind die Farben der schwedischen Flagge, mit diesem Duo kommt skandinavische Stimmung auf den Balkon. Zusammen mit ihrer Mischfarbe, dem Grün, liegen die beiden Spektralfarben auf dem Farbkreis nebeneinander, so dass man für diese Farbkombination automatisch Harmonie empfindet. Bei der Pflanzenauswahl für die nordische Kombination unterstreichen

Schöne Balkone zum Nachpflanzen

(Bild siehe Seite 54)

① Gauchheil (*Anagallis monelli*)
② Petunie (*Petunia*-Hybr.)
③ Lakritzkraut 'Mini Silver' (*Helichrysum*)
④ Männertreu, weiß (*Lobelia erinus*)
⑤ Lavendel 'Dwarf Blue' (*Lavandula*)
⑥ Strauchmargerite (*Argyranthemum*)
⑦ Leberbalsam (*Ageratum houstonianum*)
⑧ Bougainvillea (*Bougainvillea glabra*)
⑨ Sternblume (*Triteleia laxa*)
⑩ Schmucklilie (*Agapanthus*- Hybride)

klare Blütenformen das Bild unbeschwerter Frische. Zwischen dichten Polstern aus Männertreu *(Lobelia erinus)* und einer blau-violetten Sorte des Elfenspiegels *(Nemesia fruticans)* entwickeln sich duftige Wolken von Goldzweizahn *(Bidens ferrulifolia)* und Husarenknöpfchen *(Sanvitalia procumbens)*. Die lockeren Blütenähren des Azur-Salbei *(Salvia patens)* ragen aus den leuchtenden Büschen von Nachtkerzen *(Oenothera)* und gelb blühenden Strauchmargeriten *(Argyranthemum frutescens)* heraus. Niedrige Sonnenblumen-Sorten *(Helianthus annuus)* werden von hängendem Eisenkraut *(Verbena*-Hybride) umspielt. Zu der pflanzlichen Kombination passen blau gestrichene Weichholzmöbel, und als Dekoration stimmen ein paar blaue Holzfische oder Muscheln auf die Mittsommernacht auf dem Balkon ein.

Wählt man statt gelber Blüten orangefarbene aus, so entsteht ein Komplementärkontrast, der ebenfalls als angenehm empfunden wird, zugleich aber etwas mehr Temperament ins Spiel bringt. Prunkwinden *(Ipomoea purpurea)* klettern zusammen mit dem orangefarbenen Glockenwein *(Thunbergia gregorii)* an einem Spalier empor, während sich zu ihren Füßen die Polster von Männertreu *(Lobelia erinus)* und schmalblättriger Zinnie *(Zinnia angustifolia* 'Classics') breit machen. Auch eine Mischung von Studentenblumen *(Tagetes tenuifolia)* und Kapuzinerkresse *(Tropaeolum*-Hybride) in Orange sowie dem blau blühenden Leinblättrigen Gauchheil *(Anagallis monellii)* ergibt diesen Kontrast.

Schöne Balkonkästen zum Nachpflanzen

(siehe Bilder oben)

① Zauberglöckchen *(Petunia)*
② Sommersalbei, mehrjährig *(Salvia)*
③ Hängende Geranie *(Pelargonium)*
④ Nierembergie *(Nierembergia)*

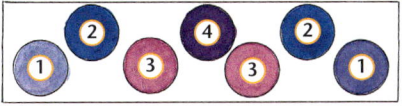

① Geranie *(Pelargonium)*
② hängende Petunie *(Petunia)*
③ Leberbalsam *(Ageratum)*
④ Fächerblume *(Scaevola)*

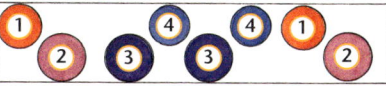

Wie eine blaue Wolke schwebt die Ampel auf dem Balkon. Zwischen lilablauen Petunien und violettem Eisenkraut hellt eine rosa farbene Geranie zusammen mit den erst weißen und später rosafarbenen Blüten des Spanischen Gänseblümchens die Kombination auf. So werden die unterschiedlichen Strukturen schon von Weitem sichtbar.

Diese hohen Glockenblumen *(Campanula pyramidalis)* bilden einen perfekten Sichtschutz für das lauschige Plätzchen und spenden zudem wohltuenden Schatten. Ihre Rispen bringen immer neue Blütenknospen hervor.

Magisch verzaubert

Farbmischungen von reinen Blau- und zarten Lilatönen laden zum Träumen einen. Die roten Farbpigmente geben dem meist kühlen Königsblau etwas Wärme und verbreiten einen Hauch von Romantik. Bezaubernde Tuffs entstehen, wenn man in einem Ampelkorb fliederblaue Petunien *(Petunia-*Hybriden) mit lilablauem Eisenkraut *(Verbena-*Hybriden), Blauer Mauritius *(Convulvulus sabatius)* und der duftigen Wolke des Blauen Gänseblümchens *(Brachyscome multifida)* arrangiert. Wie in einem klassischen »hanging basket« nach englischem Vorbild ergänzen sich die Blüten- und Wuchsformen zu einem bezaubernden Ensemble.

Angenehm erfrischend

Je kühler das Blau der Blüten ist, desto »eisiger« wirkt es. Dort, wo die Sonne den Balkon kräftig aufheizt, kann diese Farb-

stimmung für angenehme Abkühlung sorgen. Die zarten Töne des Leberbalsam *(Ageratum houstonianum)* stimmen darauf ein. Dazu gesellen sich Mehlsalbei *(Salvia farinacea)*, der die Stiele seiner königsblauen Blütenähren mit einem mehligen Belag verziert, und Männertreu *(Lobelia erinus)* in wässrigem Blau. Mit hellblauen Hängepetunien *(Petunia-*Hybriden) erreicht man eine angenehme Fülle, und platziert man ein paar Blaumäulchen *(Torenia-*Hybride) dazwischen, spiegelt sich das Farbenspiel des Hell-Dunkel-Kontrastes in jeder einzelnen Blüte wider. Damit sich die blaue Farbe nicht zu stark in den Vordergrund spielt, möbliert man entweder nur mit filigranen Eisenstühlen oder verwendet naturbelassene Korbmöbel. Allerdings wirkt es sehr ausgewogen, wenn sich in Stoffen und einzelnen Accessoires, wie Töpfen oder Wasser spendenden Glaskugeln (siehe Bild

Seite 148 unten Mitte), der blaue Zauber malerisch wiederholt.

Da kommt Urlaubslaune auf

Reicht der Platz aus, kann man attraktive Kübelpflanzen ergänzen und auf diese Weise mit Ferienerinnerungen spielen. Schmucklilien (*Agapanthus*-Hybriden) mit ihren langgestielten, stahlblauen Blütenbällen und wasserblauer Bleiwurz (*Plumbago auriculata*) gedeihen in ausreichend großen Kübeln sehr gut. Und mit dem Kartoffelstrauch (*Lycianthes rantonnetii*, Syn. *Solanum*) lässt sich sogar eine Lücke auf dem Balkon großzügig füllen.

Vor dem Kauf dieser Exoten sollte man allerdings klären, ob ein Winterquartier zur Verfügung steht, das den Ansprüchen genügt. Die drei genannten kommen mit einem kühlen, hellen Platz, zum Beispiel im ungeheizten Hausflur oder Schlafzimmer, aus. Die Schmucklilie (*Agapanthus*) gibt sich sogar mit einem dunklen Platz zufrieden. Dieser darf jedoch maximal 8 °C warm sein, denn nur bei kühler Überwinterung entwickelt sie auch im folgenden Jahr wieder zahlreiche Blütenknospen.

Wer sich nicht sicher ist, findet in blau blühenden Hortensien (*Hydrangea macrophylla*) eine bezaubernde Alternative. Sie können mit einem guten Winterschutz im Freien stehen bleiben. Winterharter Lavendel (*Lavandula angustifolia*) verbreitet im Sommer seine typischen Duftwolken. Die graulaubigen Halbsträucher gedeihen problemlos in halbhohen Kübeln. Allerdings sollte man sie nach der Blüte kräftig zurückschneiden, damit die Büsche kompakt bleiben und nicht struppig werden.

Petunien-Variationen: Die wunderschönen Blütenkissen von hängenden Surfinia-Petunien schmücken den Balkon. Damit sie so üppig werden, benötigen sie reichliche Düngergaben.

Leberbalsam
(Ageratum houstonianum)

Ein Klassiker aus dem Sommerblumenbeet füllt mit seinen niedrigen Sorten Lücken in Balkonkästen und bringt zarte Fliedertöne ins Spiel.

Wuchs: Breitbuschig mit aufrechten oder leicht übergeneigten Trieben wachsend, 10–70 cm.

Blüte: Viele Einzelblüten, die wie eine kleine Quaste aussehen, in enständigen, schirmförmigen Trugdolden, verschiedene Pastelltöne von Rosa bis Lila und Weiß.

Standort: Sonnig, warm.

Pflege: Regelmäßig gießen, Staunässe vermeiden, regelmäßig düngen; Verblühte Triebe abschneiden.

Extra-Tipp: Aussaat ab Februar auf der hellen, warmen Fensterbank, im Mai auspflanzen.
Für die Bepflanzung von Töpfen und Balkonkästen sind die niedrigen, kompakten Sorten zu bevorzugen. Höhere Sorten fallen meist unschön auseinander und brauchen Halt durch kräftige Nachbarpflanzen im Beet.

Leinblättriger Gauchheil
(Anagallis monelli)

Eher selten findet man diese Pflanze im Handel, dabei sind die enzianblauen Blüten wirklich ein blaues Wunder, das man sich nicht entgehen lassen sollte.

Wuchs: Buschig kompakt, überhängende, bis zu 40 cm lange Triebe.

Blüte: Rund geformt, ähnlich einer Primelblüte, Durchmesser 2 cm, sitzen an den Triebspitzen dicht zwischen den Blättern, leuchtend enzianblau, bei schlechtem Wetter und nachts sind die Blüten geschlossen.

Standort: Hell, nicht vollsonnig, lichter Halbschatten; windgeschützt.

Pflege: Regelmäßig gießen, verträgt keine Staunässe, Wurzelballen nicht austrocknen lassen; regelmäßig düngen; die Pflanzen werden komplett zurückgeschnitten, wenn die Blühfreudigkeit im Hochsommer nachlässt und/oder die Büsche struppig auseinanderfallen.

Extra-Tipp: Die Pflanzen eignen sich sehr gut als Solitär in einer Ampel oder in einem Wandgefäß an der sonnenabgewandten Seite des Balkons.

Blaues Gänseblümchen
(Brachyscome multifida)

Diese kleine Polsterpflanze erinnert mit ihren Blüten an ein Gänseblümchen. Sie braucht zuverlässige Pflege und gleichmäßige Wachstumsbedingungen, um ihre Schönheit voll zu entwickeln.

Wuchs: Polsterförmig kompakt, zum Teil bis zu 50 cm lange, überhängende Kissen.

Blüte: Margeritenförmig, filigrane, fliederblaue oder rosafarbene Zungenblüten um eine gelbe Mitte, Blütendurchmesser etwa 3–4 cm.

Standort: Sonnig bis halbschattig.

Pflege: Bevorzugt werden sollte eine leicht saure Erde, z.B. Surfinia-Erde, um dem Vergilben der Blätter durch Chlorose vorzubeugen; regelmäßig gießen und düngen; bei hellen Triebspitzen zusätzlich mit einem Eisenpräparat düngen; kalkhaltiges Gießwasser vermeiden; Blüten putzen sich selbst aus.

Extra-Tipp: Beim Einkauf darauf achten, dass die Pflanzen einen gesunden Eindruck machen. Kümmernde Pflanzen sind häufig von Thrips (Blasenfüssen) befallen, die man mit dem bloßen Auge kaum wahrnimmt.

Blaue Mauritius
(Convulvulus sabatius)

Mit den windenartigen Blüten verbreitet diese Hängepflanze einen Hauch von Eleganz und Luxus.

Wuchs: Buschig überhängend, meist nicht höher als 20 cm, die Triebe werden aber bis zu einem Meter lang.

Blüte: Trichterförmig, flach, in zartem Lilablau; schließen sich in den Abendstunden.

Standort: Sonnig.

Pflege: Regelmäßig gießen, gute Nährstoffversorgung ist wichtig, damit die Triebe auch im unteren Bereich kräftig werden; anhaltende Feuchtigkeit vermeiden, weil die Pflanzen sonst anfällig für Pilzkrankheiten sind.

Überwinterung: Können hell und kühl (5–6 °C) überwintert werden.

Extra-Tipp: Die Pflanzen eigenen sich für gemischt bepflanzte Ampeln, allerdings sollte man darauf achten, dass die Partner nicht zu stark wuchern, da die Blaue Mauritius sonst verdrängt wird.

Kapaster
(Felicia amelloides)

Die Ähnlichkeit mit Gartenastern ist unverkennbar, und in ihrer südafrikanischen Heimat wächst diese Pflanze mehrjährig.

Wuchs: Dichte Laubhorste, über denen die langgestielten Blüten stehen; Höhe bis zu 60 cm.

Blüte: Margeritenförmig, lilablaue Strahlenblüten stehen um die gelbe Scheibenblüte, Durchmesser 3–4 cm; auf drahtigen, etwa 15 cm hohen Stielen.

Standort: Vollsonnig.

Pflege: Leicht saure Substrate, z.B. für Surfinia-Petunien, sind zu bevorzugen, so beugt man Chlorosen vor; regelmäßig gießen, Ballen nicht austrocknen lassen; gute Nährstoffversorgung und bei gelben Blattspitzen mit Eisenpräparat der Chlorose entgegenwirken; Verblühtes regelmäßig abschneiden.

Überwinterung: Zurückgeschnittene Exemplare können hell bei etwa 10 °C überwintert werden.

Extra-Tipp: Wenn man die Triebe immer wieder entspitzt, wachsen die Pflanzen buschiger.

Männertreu
(Lobelia erinus)

Aus dem kleinen blauen Lückenfüller ist in den letzten Jahren eine beliebte Ampelpflanze geworden.

Wuchs: Kompakte Polster aus niederliegenden Trieben, kaum höher als 15 cm. Hängelobelien haben überhängende Triebe von bis zu 25 cm Länge.

Blüte: Klein, in verschiedenen Blautönen, Violett, Rosa, Weiß, zum Teil mit einem kleinen hellen Auge; Hauptblütezeit von Juni bis Juli, Nachblüte durch Rückschnitt.

Standort: Sonnig bis halbschattig.

Pflege: Regelmäßig gießen, Ballen nicht austrocknen lassen; schwach dosiert düngen; wenn die erste Blüte nachlässt, die Pflanzen kräftig zurückschneiden (siehe Seite 152). Danach blüht das Männertreu ein zweites Mal.

Extra-Tipp: Männertreu kann aus Samen gezogen werden. Dazu werden die Samen zwischen Januar und März ausgesät, aber nicht mit Erde bedeckt, denn es sind Lichtkeimer.

Kompakte Sorten: 'Cambridge' – azurblau; 'Kristallpalast' – dunkelblau; 'Kaiser Wilhelm' – kornblumenblau; 'Schneeball' – weiß; 'Rosamunde' – rosa , weißes Auge
Überhängende Sorten: 'Cascade Mischung' – rosa, violett, lila, weiß geäugt; 'Hamburgia' – lilablau

Petunie
(Petunia-Hybride)

Kaum eine Balkonpflanze hat in den letzten Jahren so viel Begeisterung mit seinen neuen Formen ausgelöst wie die Petunie. Das Sortiment hat sich geradezu sensationell vergrößert, nachdem sich bereits vor über hundert Jahren Gärtner und Züchter für diese Pflanze interessiert haben.

Viele moderne Sorten haben Ihren Ursprung in Japan. Man unterscheidet zwischen **Grandiflora-**, **Multiflora-** und **Hänge-Petunien.** Auch die erst in den 90er Jahren in den Handel gekommenen kleinblumigen **Zauberglöckchen,** die zum Teil botanisch als *Calibrachoa*-Hybriden verbreitet sind, zählen zu den Petunien.

Wuchs: Aufrecht buschig, leicht auseinander fallende bis übergeneigte Triebe bei **Grandiflora-** und **Multiflora**-Sorten, zwischen 20 und 35 cm hoch; bei den **Hänge**-Petunien wachsen die Triebe überhängend, zum Teil über einen Meter lang, **Surfinia**-Petunien, die zu den **Hänge**-Petunien zählen sind sehr starkwüchsig.

Blüte: Trichterförmig, weit geöffnet, Durchmesser variiert bei den verschiedenen Typen zwischen 4 und 8 cm; zum Teil süßlich duftend. Viele Farben: Weiß, Hellgelb, Lilablau, Hellblau, Rot, Purpurrot, Pink, Hellrosa, verschiedenste Blütenzeichnungen von geadert, über gesternt bis fein gepunktet, auch gefüllte Blüten.

Die Blüten der **Zauberglöckchen** sind deutlich kleiner und etwas länglicher gestreckt. Sie schließen sich bei Regen und in der Dämmerung. Die Farbpalette reicht von Violett über Kirschrot bis hin zum Orange, Pink und Weiß.

Standort: Sonnig bis halbschattig; **Grandiflora**-Petunien sind nicht wind- und regenfest; kleinblumige **Multiflora**-Sorten sind dagegen recht windfest; **Zauberglöckchen** sind etwas empfindlicher, vor allem bezüglich der Regennässe.

Pflege: Grundsätzlich sind Petunien pflegeleicht, weil sie sich selbst ausputzen. Sie müssen regelmäßig gegossen werden, damit die Erde gleichmäßig feucht bleibt. Die buschigen Petunien können in ein normales Substrat gepflanzt werden. Für Hänge-Petunien, z. B. Surfinia, empfiehlt sich jedoch eine spezielle Erde mit einem niedrigen pH-Wert. Sie wird zu Saisonbeginn im Fachhandel angeboten. Der niedrige pH-

Bild oben zeigt verschiedene kugelige Petunienbüsche, Bild Mitte Surfinia-Petunien in Kombination mit Fächerblumen und Bild unten eine halb gefüllte Petunie.

Wert ist wichtig für eine gute Eisenversorgung der Pflanzen, anderenfalls werden die Blätter gelb, der Fachmann spricht von Chlorose (siehe Seite 161). Auch das Gießwasser hat einen Einfluss auf den pH-Wert. Wer die Kosten für die Erde nicht scheut, sollte konsequenterweise ausschließlich mit weichem Wasser, z. B. Regenwasser, gießen. Je wüchsiger die Sorten sind, desto häufiger muss gedüngt werden. Die starkwüchsigen **Hängepetunien** sollten sogar bei jedem Gießen gedüngt werden. Die Dosierung wird entsprechend niedrig gewählt. Wenn sich die ersten gelblichen Blattspitzen im Hochsommer zeigen, sollte man mit einem speziellen Eisen-Dünger den Mangel beheben. Meist erholen sich die Blätter anschließend innerhalb von wenigen Tagen.

Zauberglöckchen sind ähnlich zu pflegen. Allerdings muss man wissen, dass die Pflanzen sehr empfindlich auf Staunässe reagieren. Sie können innerhalb weniger Tage welk werden. Daher beim Standort auf einen regengeschützten Platz achten.

Extra-Tipp: Damit der Eisenmangel bei den Zauberglöckchen, insbesondere bei der weiß blühenden Form kein Problem ist, sollte man vorsorglich einmal im Monat die Pflanzen mit einem Eisendünger versorgen. Selbstverständlich sollte eine Erde mit niedrigem pH-Wert verwendet werden.

Bild oben links:
Ungewöhnlich sind die orangebraunen Blüten des Zauberglöckchens 'Million Bells Terracotta'.
Bild oben rechts:
Verschiedene Farben der Zauberglöckchen aus der Serie 'Million Bells'.
Bild unten:
Die pinkfarbenen Blüten des Zauberglöckchens 'Celebration Pink' haben einen interessant gezeichneten Schlund.

BALKONPFLANZEN

Mehl-Salbei
(Salvia farinacea)

Das klare Blau macht diese Salbei-Art aus dem Sortiment der Sommerblumen auch als Balkonpflanze sehr wertvoll. Der Name beschreibt den mehlig weißen Flaum auf den Stängeln.

Wuchs: Aufrecht, horstig, reich verzweigt, zwischen 50 und 80 cm hoch.

Blüte: Lippenblüten, die in dichten Ähren am Ende der Stängel über dem Blattwerk stehen, verschiedene Blautöne und Weiß.

Standort: Sonnig.

Pflege: Gute, gleichmäßige Versorgung mit Wasser und Nährstoffen; abgeblühte Blütenstände schneidet man ab, um die Neubildung von Blüten zu fördern.

Überwinterung: Generell an einem hellen Platz möglich; die Pflanzen blühen dann bereits im Mai.

Extra-Tipp: Mehl-Salbei kann aus Samen gezogen werden. Man stellt die Aussaatgefäße im März auf die Fensterbank und bringt die Pflänzchen nach den Eisheiligen ins Freie.

Sorten: 'Victoria' – dunkelblaue Blüten, reichblühend; 'Unschuld' – silbrig, weiß.

Fächerblume
(Scaevula saligna)

Sie kam vor gut 20 Jahren in den Handel, entwickelte sich wüchsig, blütenreich und pflegeleicht, so dass sie nicht mehr aus dem Sortiment von Ampel- und Kastenpflanzen wegzudenken ist.

Wuchs: Kräfige, bis einen Meter lange Triebe, die leicht übergeneigt abstehen, lockere Erscheinung.

Blüte: Fächerförmig, an den Triebspitzen dicht nebeneinander stehend, lilaviolett mit einem weißen Punkt in der Mitte, selten auch weiße Sorten.

Standort: Sonnig, auch an exponierten Plätzen, im Halbschatten etwas geringerer Blütenbesatz.

Pflege: Pflanzung in ein saures Substrat (z. B. Surfinia-Erde) beugt chlorotischen Blättern durch Eisenmangel vor; regelmäßig gießen, Staunässe vermeiden, wöchentlich düngen; Blüten putzen sich selbst aus.

Extra-Tipp: Trotz unbändiger Wuchskraft behaupten sich auch schwachwüchsige Nachbarn, besonders hübsch sieht die Fächerblume mit Goldzweizahn *(Bidens ferrulifolia)* oder Hängeverbenen 'Tapien' *(Verbena*-Hybride) aus.

Blaumäulchen
(Torenia-Hybride)

Die Hängepflanze erobert seit wenigen Jahren das Sortiment der Balkonblumen und bringt Abwechslung in das Angebot blauviolett blühender Arten. Reizvoll ist das Farbenspiel unterschiedlicher Blautöne in jeder Blüte.

Wuchs: Dicht buschig, überhängend mit etwa 30 cm langen Trieben.

Blüte: Rachenblüten, die 3–4 cm lang sind; in Blau oder Violett; wenn es im Spätsommer kühl ist, endet die Blütezeit relativ früh.

Standort: Sonnig warm, geschützt, möglichst keine pralle Mittagssonne.

Pflege: Die Pflanzen gedeihen in einer leicht sauren Erde, z. B. für Surfinia-Petunien, besonders gut; sie sollten erst Mitte bis Ende Mai ausgepflanzt werden; regelmäßig gießen, allerdings vorzugsweise mit abgestandenem Regenwasser, das nicht zu kalt ist; regelmäßig düngen, der Dünger sollte ein reiches Angebot an Spurenelementen haben.

Extra-Tipp: Bei anhaltend kühler Witterung werden die Pflanzen leider kränklich: Chlorotische Blätter, Blattflecken und Wurzelerkrankungen treten auf.

Eisenkraut
(Verbena-Hybride)

Vielfalt ist bei dieser Gattung groß geschrieben. Es gibt hunderte von verschiedenen Arten, die die Züchter immer wieder zu neuen Formen anregen. Während eine lange Zeit vor allem ungewöhnliche Farbmuster wie Streifen in der Blüte das Sortiment bereicherten, liegt momentan der überhängende Wuchs im Mittelpunkt des Interesses.

Wuchs: Je nach Sortengruppe breitbuschig aufrecht (Höhe 20–30 cm), flach kriechend (Höhe 20 cm) oder überhängend mit bis zu 40 cm langen Trieben.

Blüte: Rundliche kleine Einzelblüten mit einem Durchmesser von 1 cm stehen dicht in einer doldenartigen Ähre zusammen; in der Mitte der Blütenstände öffnen sich immer wieder neue Knospen, während die äußeren meist unbemerkt abfallen; in Weiß, Rosa, Lachs, Pink, Rot, Purpur, Blau und Violett, manchmal auch zweifarbige Blüten, häufig zarter, angenehmer Duft.

Standort: Sonnig, verträgt windige Plätze problemlos.

Pflege: Pflanzung in nährstoffreiches Substrat; gleichmäßig gießen, aber Staunässe vermeiden; regelmäßiges Düngen insbesondere bei starkwüchsigen Formen; abgeblühte Dolden unbedingt abschneiden, da sich dann rasch neue entwickeln; ein kräftiger Rückschnitt der Triebe zum Beispiel nach dem Urlaub führt zu einem raschen Durchtreiben der Pflanzen; Schlechtwetterperioden bereiten häufig Probleme, da die Pflanzen schnell von Echtem Mehltau befallen werden.

Extra-Tipp: Die lockeren Triebe der Hänge-Verbenen passen sehr gut zu Lakritzkraut *(Helichrysum)*. Diese Blattschmuckpflanzen mit silbrigen Blättern legen ihre langen Zweige zwischen die Blütenkaskaden der Hänge-Verbenen und geben ihnen zusätzlich Volumen.

Die jüngsten Neuheiten unter den Verbenen heißen 'Tapien' und 'Temari'. Es sind Hänge-Verbenen in verschiedenen Farben. Die 'Tapien'-Sorten besitzen einen filigranen Wuchs und kleine Blüten, die natürlich wirken, während 'Temari'-Verbenen in allen Teilen größer sind und sehr kompakt erscheinen.

Bild oben: Aufrechtes violettes Eisenkraut zusammen mit Hängegeranien, Männertreu, Duftsteinrich und Leberbalsam. Bilder unten: *Verbena*-Hybride 'Tapien' in Violett (links), *Verbena*-Hybride 'Temari Lilac' in Lila (Mitte) und *Verbena*-Hybride 'Temari Violett Star' mit sternförmiger Zeichnung (rechts).

SCHMÜCKENDE BLATTSTRUKTUREN

Grün – als Farbe der Blätter – mischt grundsätzlich in den Gestaltungen mit. Wir verknüpfen den Frühling und das Wachsen mit dieser Farbe, und in der Symbolik ist Grün die Farbe der Hoffnung. Lässt man grüne Flächen längere Zeit auf sich wirken, macht sich wohltuende Ruhe breit. Laub ist in einer Gestaltung unverzichtbar, wenn es darum geht, zu vermitteln und zu dämpfen. Dabei rückt die Schönheit von Blättern in den letzten Jahren immer stärker in den Vordergrund, denn im Gegensatz zu den Blüten bleibt der Laubschmuck vom Anfang bis zum Ende einer Saison erhalten.

Manche Pflanzen haben sich als so genannte »Blattschmuckpflanzen« einen Namen gemacht, weil sie schön geformte oder besonders gezeichnete Blätter besitzen. Größe, Ränder und Anordnung spielen bei der Beurteilung eine Rolle, ebenso ungewöhnliche Farben und Muster. Und so manche Pflanze besticht durch ihre sehr glatte, tief gefurchte oder ungewöhnlich flaumige Oberfläche. Selbstverständlich müssen diese Eigenschaften immer mit einer ausgewogenen Wuchsform in Einklang stehen.

Für die Balkongestaltung kommt dem Blattschmuck eine wichtige Bedeutung zu, ist er doch Verbindungsglied zwischen blütenreichen Pflanzen und Umgebung: Der Balkonkasten wird zur Minirabatte, Blumenampeln schweben wie charmante Blütenbälle und tosende Kaskaden. Dekorative grüne Blätter lassen sich eigentlich nur durch kräftiges Rot aus der Ruhe bringen. Durch diesen Komplementärkontrast entsteht ein temperamentvolles Duo, das alle Blicke auf sich zieht.

Das graulaubige Lakritzkraut ist der ideale Partner für die blaue Hänge-Verbene. Durch die Struktur des Lakritzkrautes beginnen die Blütchen der Verbene zu leuchten. Gute Begleiter sind Ziertabak und Mehlsalbei.

Die silbrigen Blätter des Lakritzkrautes leuchten mit den lilablauen Petunien um die Wette. Zudem gaukelt uns das Grau des Laubes mehr Volumen in der blauen Blütenwolke vor.

Grüne Diplomaten, graue Eminenzen

Chlorophyll – dieser grüne Farbstoff ist für die Energiegewinnung der Pflanzen notwendig und damit auch die Basis des pflanzlichen Wachstums. So wie die Blütenfarben variieren, spielt auch das Grün der Blätter mit heller und dunkler Farbe. Neben der Zusammensetzung der Farbpigmente spielt die Oberflächenstruktur der Blätter eine nicht un-

wesentliche Rolle in der Wirkung auf den Betrachter. Wenn Sie diese Gegebenheiten berücksichtigen, können Sie der Gestaltung eine ganz besondere Note verleihen.

Farbiges Begleitprogramm

Bunte Blätter kommen dadurch zustande, dass die Farbstoffe in den Zellen unregelmäßig verteilt sind. Dort, wo fast kein grünen Blattfarbstoff enthalten ist, erscheint das Blatt weiß. Sind dagegen rote Pigmente vorhanden, so trägt das Weiß einen zarten Hauch von Rosa, wie dies gut beim Flamingoblatt *(Oenanthe)* oder bei dreifarbigem Ziersalbei *(Salvia officinalis* 'Tricolor') zu sehen ist. Diese Farbvariante harmoniert besonders gut mit rosaroten Blüten. Weiß gemusterte Blätter besitzen zum Beispiel Taubnesseln *(Lamium)*, Efeu *(Hedera)*, Zierminze *(Mentha suaveolens)* sowie Blattschmuckpelargonien *(Pelargonium*-Hybriden). Sie passen gut in lichtarme Ecken, die sie aufhellen, und bauen in der Regel zu allen Blütenfarben ein harmonisches Verhältnis auf. Durch ihre Farbneutralität mildern diese weiß panaschierten Blätter so manchen Farbkontrast auf dem Balkon.

Hübsch sind auch feine Härchen, sie lassen die Blätter silbrig schimmern. Ein typisches Beispiel hierfür ist das Lakritzkraut *(Helichrysum petiolare)*. Seine Blattfarben unterstützen kühle Pastell- und Blautöne besonders schön. In der Gestaltung setzt man das silbrige Laub am besten wohl überlegt und gezielt ein.

Schöne Balkone zum Nachpflanzen

(Bild siehe Seite 68)

① Blaumäulchen *(Torrenia)*
② Süßkartoffel *(Ipomea batata)*
③ Gundermann *(Glechoma)*
④ Fleißiges Lieschen *(Impatiens walleriana)*
⑤ Mottenkönig *(Plectranthus)*

Hübsches Grau bietet die Silberwinde *(Convulvulus cneorum)*. Sie wächst als Halbstrauch und blüht in der Regel bereits im späten Frühling mit weißen Blütentrichtern, die einen Hauch von Rosa tragen. Im Hochsommer schimmern ihre länglichen Blätter dekorativ zwischen weißen Verbenen *(Verbena-Hybriden)* und Strauchmargeriten *(Argyranthemum frutescens)*. Lavendel *(Lavandula angustifolia)* übernimmt mit seinen graublauen Blättchen eine ähnliche Funktion, denn seine Blütezeit ist im Vergleich zu den meisten anderen Balkonpflanzen relativ kurz. Besonders zwischen den wasserblauen Blütenbechern der Nierembergie *(Nierembergia hippomanica)* und Blauen Gänseblümchen betonen niedrige Lavendelkissen den Rhythmus der Bepflanzung.

Bezaubernde Strukturen

Mit den feinen Strukturen von Gräsern lassen sich vertikale Akzente in die Bepflanzung einstreuen. So passt der Blau-Schwingel *(Festuca glauca)*, dessen feines Laub an erfrischende Fontänen erinnert, gut zu blau blühenden Polstern wie Männertreu *(Lobelia erinus)* und violett blühendem Leberbalsam *(Ageratum houstonianum)*. Und die Halme mancher Seggenart *(Carex-Arten)* wirken dank schmaler weißer Streifen noch eleganter. Aber auch lang herunterhängende Kaskaden von Gundermann *(Glechoma)* und Mottenkönig *(Plectranthus)* wirken von der Ferne wie ein vertikaler Strich und verleihen der Gestaltung Spannung und Harmonie zugleich.

Oben: Kontrastreich zeigen sich die Blattschmuckpelargonien sowie der buschige, großblättrige Mottenkönig. Die roten Blüten lockern auf, und Gundermann verleiht dem lebendigen Mustermix ruhigen Halt.

Diese Ampel besticht durch das Spiel mit Blattstrukturen. Efeu, Ziersalbei, Heiligenkraut und Günsel ergänzen sich aufs Beste.

BALKONPFLANZEN

Gundermann
(Glechoma hederacea 'Variegata')

Lange und dicht hängen die Triebe des Gundermann, einer winterharten, heimischen Staude, aus Kästen und Ampeln.
Wuchs: In der Natur dichte, flache Matten; bei Pflanzung im Gefäß hängen die Triebe bis zu zwei Meter herunter.
Blätter: Rundlich mit gezähntem Rand, Durchmesser 3–4 cm, an etwa 5 cm langen, drahtigen Stielen, von den Rändern bis zur Mitte unregelmäßige weiße Zeichnung und Fleckung.

Standort: Halbschattig bis schattig; in der Sonne brauchen die Pflanzen viel Aufmerksamkeit, die weißen Blattanteile werden leicht braun.
Pflege: Regelmäßig gießen und düngen; bei Sonnenschein sollte man das Wasser nicht über die Blätter gießen, sonst kommt es zu Verbraunungen.
Überwinterung: Im Spätsommer einige Stecklinge bewurzeln und diese geschützt überwintern, gelegentlich gießen.

Extra-Tipp: Kräftige Pflanzen in Ampeln sehen wie Säulen aus.

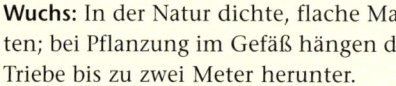

Lakritzkraut
(Helichrysum petiolare)

Sortenreiche Blattschmuckpflanze mit langen, überhängende Trieben.
Wuchs: Breitbuschig, ständiger Neuaustrieb aus Rhizomen, aufrechte bis überhängende Triebe, die sparrig steif wirken können.
Blätter: Spitz, eiförmig, silbrig behaart, je nach Sorte unterschiedliche Größen; zwischen 0,5 und 2,5 cm lang; silbrig oder cremegelb gefärbt, zum Teil auch cremegelb mit silbriger Mitte.
Standort: Sonnig bis halbschattig; die

rein gelben Sorten sollten ausschließlich halbschattig bis schattig verwendet werden.
Pflege: Pflegeleicht, regelmäßig gießen und schwach dosiert düngen; Rückschnitt bei starkem Wachstum.

Extra-Tipp: Die Pflanzen vertragen kurzfristige Trockenheit problemlos. Ihre Triebe lockern Ampelpflanzen dezent auf.

Sorten: 'Silver' – silberlaubig, sehr wüchsig; 'Rondello' – cremegelb mit silberner Mitte, starkwüchsig (siehe Bild links); 'Goring Silver' – silberlaubig, kleinlaubig, kompakt; 'Gold' – gelblaubig; 'Silver Mini' (Syn. *Gnaphalium microphyllum*) – sehr kleine, silbrige Blätter, sparrig verzweigt, überhängend buschig.

Taubnessel
(Lamium maculatum 'White Nancy')

Eine winterharte Polsterstaude, die Balkonpflanzen im Schatten mit ihren grünweißen Blättern aufhellt.
Wuchs: Kriechende Ausläufer; in die Breite wachsende, nicht wuchernde Kissen und Polster, im Kasten auch überhängend.
Blätter: Eiförmig, gezahnt mit einer Zeichnung, die vom Blattrand zur Mitte immer heller wird.
Standort: Halbschattig bis schattig.
Pflege: Pflanzung in frische, lockere Er-

de, gleichmäßig gießen und düngen; werden die Polster unansehnlich, kann man sie problemlos zurückschneiden, sie treiben rasch neu aus.
Überwinterung: Nur an mäßig feuchten Standorten möglich, die winterliche Feuchtigkeit führt zu Fäulnis.

Extra-Tipp: An zu sonnigen Standorten bekommen die Blätter leicht braune Flecken. Im Frühsommer bilden sich kleine weiße Lippenblüten an den Triebspitzen.

MIT DEKORATIVEM LAUB

Zierminze
(Mentha suaveolens)

Reibt man die Blätter zwischen den Fingern, macht sich ein erfrischender Duft breit.
Wuchs: Buschig aufrecht, später überhängend, bildet unterirdische Ausläufer, extrem starkwüchsig.
Blätter: Oval länglich, gefurchte, matte Oberfläche, cremefarbene Zeichnung an den Rändern der stumpfgrünen Blätter.
Standort: Sonnig bis halbschattig.
Pflege: Regelmäßig gießen, mäßig düngen, ein kräftiger Rückschnitt wird von den Pflanzen problemlos vertragen, allerdings verstärkt man auf diese Weise das Wachstum zusätzlich.

Extra-Tipp: Zierminze sollte nur mit Pflanzen kombiniert werden, die sich dem Ausbreitungsdrang der Pflanzen widersetzen können. Die Triebe können als Gewürz für Saucen und zum Dekorieren erfrischender Desserts beziehungsweise Getränke Verwendung finden.

Zieroregano
(Origanum vulgare 'Aureum')

Die kleinen Büsche hellen goldgelbe und blaue Balkonkastengestaltungen auf.
Wuchs: Buschig aufrecht, kompakt, später locker überhängend.
Blätter: Klein, oval, helles, gelbgrünes Laub.
Standort: Halbschattig bis schattig; an sonnigen Plätzen werden die Blätter schnell braun, in der Folge werden die Pflanzen unansehnlich.
Pflege: Mäßig feucht halten und gleichmäßig mit Dünger versorgen. Die Triebspitzen sollten von Anfang an immer ausgeknipst werden, damit die Pflanzen dicht wachsen. Verträgt einen kräftigen Rückschnitt problemlos.

Extra-Tipp: Die Blätter können in der mediterranen Küche verwendet werden, zum Beispiel für Tomatensaucen und zum Würzen von Grillfleisch.

Mottenkönig
(Plectranthus coleoides 'Variegata')

Seine Blätter duften herbwürzig, ähnlich wie Weihrauch. Die Pflanze hat besonders in ländlichen Gebieten eine lange Tradition.
Wuchs: Buschig überhängende Triebe, die über einen Meter lang werden, extrem starkwüchsig.
Blätter: Länglich gezahnt, filzige Blattoberfläche, kantige Stiele, unregelmäßige weiße Blättränder.
Standort: Sonnig, verträgt aber auch Halbschatten gut.
Pflege: Mäßig gießen und regelmäßig düngen, Rückschnitt problemlos.
Überwinterung: Stecklinge können leicht im Spätsommer bewurzelt werden und auf der hellen, kühlen Fensterbank überwintern.

Extra-Tipp: Der Mottenkönig sieht dem Gundermann sehr ähnlich, hat aber weichere Blätter. Diese Blattschmuckpflanze lässt sich gut mit robusten Blütenpflanzen kombinieren. Schwache können leicht verdrängt werden. *Plectranthus amboinicus* 'Niro' hat kupferbraunes Laub und gedeiht im Halbschatten.

DER FEINE DUFT VON FEIERABEND

Manche Balkonpflanze bezaubert nicht nur durch ihre Blüten, Blätter und die Wuchsform, sondern auch mit einem feinen Duft. Diese Eigenschaft ist ein Geschenk, mit dem die Blüten Mensch und Tier in ihren Bann ziehen. Da es eine ganze Reihe von Nachtfaltern gibt, die in der Dämmerung das Farbsignal nicht wahrnehmen, nutzen die Pflanzen feine Düfte, um auf sich aufmerksam zu machen, denn sie wollen bestäubt werden. In der lauen Abendluft schweben Wohlgerüche wie auf Wolken und lassen den Menschen nicht unberührt. Wenn es etwas zu schnuppern gibt, werden die Gefühle angesprochen. Vielleicht weckt der süßliche Duft von Levkojen Erinnerungen an Großmutters Garten, während wohlriechende Lilienblüten die schönen Gefühle des ersten Rendezvous wach werden lassen?

In den Abendstunden verströmt der Ziertabak seinen süßlichen Duft auf dem Balkon. Warme Luft und Windstille fördern die Intensität.

Getränk eingeläutet, Freunde kommen, die Familie sitzt zusammen oder man lässt sich zu einem weiteren spannenden Kapitel des Lieblingsbuches auf der Liege nieder. Und zur abendlichen Entspannung tragen die feinen Parfüms der Blüten bei, die sich in der schwülwarmen Sommerluft besonders gut ausbreiten.

Bei der Gestaltung mit Duftpflanzen liegt das Hauptaugenmerk nicht auf dem Aspekt, ein vielseitiges Potpourri an extravaganten Düften zu komponieren. Das Ziel besteht darin, sich für Lieblingsdüfte zu entscheiden, also für Blütenparfüms, die man gerne riecht und mit denen man etwas Positives verbindet.

Engelstrompeten haben sich als wundervolle Duftpflanzen einen Namen gemacht. Sie zählen zu den Kübelpflanzen, benötigen viel Wasser und sind an halbschattigen Plätzen bestens aufgehoben.

Betörende Blütenparfüms

Ein heißer Sommertag geht zu Ende, Ruhe und Entspannung treten ein. So mancher Feierabend wird mit einem erfrischenden

Schöne Balkone zum Nachpflanzen

(Bild siehe Seite 74)

① Petunie
② Lakritzkraut
③ Sternjasmin
④ Sommerphlox
⑤ Mondwinde
⑥ Wunderblume
⑦ Duftwicke
⑧ Sterngladiole
⑨ Lilie
⑩ Elfenspiegel
⑪ Sternbalsam, Nachtphlox
⑫ Ziertabak

Würzig herbe Duftnoten

Es gibt ganz unterschiedliche Duftrichtungen. Würzige Düfte sind typisch für Kräuter und Pflanzen aus dem Mittelmeerraum, etwa das halbstrauchige Currykraut (*Helichrysum italicum*), Rosmarin (*Rosmarinus officinalis*) und Salbei (*Salvia officinalis*). Meist regen diese Düfte den Appetit an, und in der Regel ist es das Blattwerk, das diese herben Noten verbreitet, wenn man es zwischen den Finger reibt. Für Blüten sind diese Duftnoten eher untypisch.

Ein blumiges Erlebnis

Eine blumige Note tragen viele Rosen (*Rosa*), Lilien (*Lilium*), Levkojen (*Matthiola incana*) sowie der Elfenspiegel (*Nemesia frutescens*). Dabei unterscheidet man die eher

Die Schärfe der Minze

leichten, blumigen Düfte, die eine beschwingte Atmosphäre vermitteln, und die orientalischen Parfüms, die intensiv und schwer wirken und romantische Träume wecken. Diesen typischen Duft besitzen der Ziertabak (Nicotiana) sowie die im Frühling blühende Hyazinthe (Hyacinthus orientalis). Ein feiner Vanilleton mischt sich bei der Vanilleblume (Heliotropium) darunter. Engelstrompete (Brugmansia) und Jasmin (Jasminum) aus dem Reich der Kübelpflanzen werden den süßlich schweren Düften zugeordnet. So angenehm diese Wohlgerüche erscheinen, so maßvoll sollte man sie einsetzen. Direkt am Sitzplatz kann die Duftwolke aber auch als störend empfunden werden. Kräftig duftende Balkonpflanzen sollten deshalb besser einen Platz am Rande erhalten.

Die mentholartigen Düfte der Pfefferminze (Mentha piperita) erweisen sich als Muntermacher. Reiben Sie die Blätter zwischen den Fingern, atmen Sie tief durch – und fühlen Sie die Frische. Auch manche Duftpelargonien (Pelargonium) können dies.

Ein Balkon stimmt sich auf die Düfte des sonnigen Südens ein. Lavendel riecht nach Südfrankreich. Lorbeer- und Majoranduft entsteht durch sanftes Reiben der Blätter.

Die Wunderblumen öffnen erst im Laufe des Nachmittags ihre Blüten, so dass sie die perfekten Begleiter für den Feierabendgarten sind. Diese ungewöhnlichen, etwas buschigen Gewächse, die mitunter verschieden farbige Blüten an einer Pflanze tragen, lassen sich leicht aus Samen selber anziehen.

Streicht man mit den Händen zart über die Blätter der Duftpelargonien, entfalten sich wundervolle Duftwolken von zitronig frisch bis hin zu rosig blumig.

Zitronige Frische

Sehr willkommen für die wärmsten Wochen des Jahres sind die zitronigen Düfte, die angenehm erfrischend wirken. Meist sind die Blätter dafür zuständig, zitronige Blütendüfte sind eher selten. Doch Taglilien *(Hemerocallis citrina)* hüllen ihre gelben, trompetenförmigen Blüten in ein zitroniges Parfüm. Die Staude lässt sich problemlos im Kübel kultivieren. Meist trifft man die fruchtig-frische Duftnote bei Blättern, was häufig bereits der Name verrät: Zitronenthymian *(Thymus × citriodora)*, Zitronenmelisse *(Melissa officinalis)* und Duftpelargonien *(Pelargonium)* bereichern die Balkongestaltung mit der Zitrus-Frische. Zugleich mischen sie sich nicht in die Farbgestaltung ein.

Der Schluss liegt zwar nahe, dass auch Zitrusgewächse mit ihren Blüten die Duftrichtung treffen, doch er trügt. Die kleinen weißen Blüten von Orangen, Limonen und Co. verbreiten einen blumigen Wohlgeruch. Allein die Früchte schmücken sich mit der fruchtigen Note. Wer Zitronenduft schätzt, der pflanzt einen Zitronenstrauch *(Alosia)*. In den Sommermonaten schmückt er sich mit winzigen weißen Blüten, die in einer kleinen Rispe am Ende der Triebe stehen. Das nicht winterharte Gehölz besitzt besonders aromatische Blätter. Aus frischem oder getrocknetem

Balkonkästen zum Nachpflanzen

(siehe Bild links)

① Vanilleblume 'Mini Marine' *(Heliotropium)*
② Vanilleblume *(Heliotropium)*
③ Strohblume *(Helichrysum apiculatum)*
④ Buntminze 'Variegata' *(Mentha suaveolens)*
⑤ Duftendes Eisenkraut 'Turmalin' *(Verbena)*

Wundervolle Duftpflanzen für die Balkongestaltung

Deutscher Name *(Botanischer Name)*	Blütenfarbe	Wuchsform	Bemerkung	Seite
Hyazinthe *(Hyacinthus orientalis)*	lila, weiß, rosa	aufrecht	Frühlingsblüher, Zwiebel	18
Zierminze *(Mentha suaveolens)*	unscheinbar, violett	überhängend	duftende Blätter	73
Wunderblume *(Mirabilis jalalpa)*	orangegelb, pink	buschig, aufrecht	Knollenpflanze	
Elfenspiegel *(Nemesia fruticans)*	weiß, rosa, violett	aufrecht, locker	nur die weiße Form duftet	36
Petunie *(Petunia-*Hybride)	rosa, violett, weiß, rot	überhängend	nur bestimmte Sorten duften	64
Rosen *(Rosa-*Hybride)	rosa, gelb, weiß, rot	verschieden	sehr große Vielfalt	83 ff
Resede *(Reseda odorata)*	grüngelb	buschig	unscheinbarer Lückenfüller	
Zitronenthymian *(Thymus × citriodorus)*	rosalila	polsterförmig	duftende Blätter	
Eisenkraut *(Verbena-*Hybride)	weiß, lila, rosa, rot	überhängend	nur bestimmte Sorten duften	67

Laub wird in Frankreich der so genannte »Verveine«-Tee gebrüht. Zur Überwinterung eignet sich ein kühler, aber heller Standort.

Der Duft des Südens

Werden auf dem Balkon zahlreiche mediterrane Duftpflanzen angesiedelt, entwickeln mediterraner Süden und Balkonien viele Gemeinsamkeiten. Eine wichtige Rolle für den Urlaub zuhause spielt der Lavendel *(Lavandula angustifolia)*. Bereits im Frühjahr bekommt man in den Gärtnereien die kleinen Sträucher angeboten. Ab Ende Mai strecken sich die Blütenrispen und im Juli entfalten sie ihre lilablauen Lippenblüten. Wählt man den Lavendel als Basis für das sommerliche Dufterlebnis, lassen sich gut einige würzige Kräuternoten dazu gesellen. Rosmarin *(Rosmarinus officinalis)* und Salbei *(Salvia officinalis)*, Thymian *(Thymus vulgaris)* und Currykraut *(Helichrysum italicum)* verkörpern den Duft der halbstrauchigen Vegeta-

tion an der Riviera. Setzen Sie blaue Blüten und graulaubige Pflanzen dazwischen, etwa fliederfarbene Hängepetunien, Eisenkraut 'Tapien' *(Verbena-*Hybride) sowie Blaue Mauritus *(Convulvulus sabatius)* und ergänzen die stimmungsvolle Inszenierung mit den verschiedenen Sorten des Lakritzkrautes *(Helichrysum petiolare)*.

Duftwicken gedeihen sehr gut im Balkonkasten. Es gibt besonders intensiv duftende Sorten und solche, die buschig kompakt wachsen.

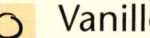

Vanilleblume
(Heliotropium arborescens)

Wie der Name bereits vermuten lässt, duften die Blüten angenehm süßlich nach Vanille.

Wuchs: Buschig, verzweigt, aufrecht; der kompakte Wuchs wird durch Stauchemittel gefördert. Daher werden selbst gezogene Pflanzen langtriebiger und lockerer. Dichtes, runzeliges, dunkelgrünes Blattwerk; Höhe zwischen 20 und 60 cm.

Blüte: Stecknadelkopf große Einzelblüten stehen dicht neben einander in einer flachen Trugdolde, Farben von lilablau bis lavendelblau.

Standort: Sonnig, warm, windgeschützt.

Pflege: Mäßig gießen, Trockenheit vermeiden; regelmäßig düngen; Verblühtes mit der Schere entfernen, damit sich neue Blütenstände entfalten können.

Extra-Tipp: Die Pflanze ist in allen Teilen sehr giftig.
Man kann die Vanilleblume auch als Hochstämmchen ziehen. Die Entwicklung dauert mehrere Jahre, deshalb werden die Pflanzen am besten kühl und hell überwintert.

Duftwicke
(Lathyrus odoratus)

Wicken sind die Kletterkünstler unter den Parfümeuren und eignen sich auch als Schnittblume. Die Pflanzen zählen zu den Einjährigen.

Wuchs: Rankend an Drahtgerüsten; rasch wachsend, Höhe zwischen 1 m und 2 m, einige Sorten wachsen buschig und kommen ohne Kletterhilfe aus.

Blüte: Schmetterlingsblüten zwischen 2,5 und 5 cm groß, jweils 3 bis 7 Stück sitzen an kräftigen Stielen; rot, rosa, violett, blau, weiß.

Standort: Sonnig, hell, pralle Mittagssonne und Hitze vermeiden, windgeschützt.

Pflege: Gleichmäßig gießen und regelmäßig mit Nährstoffen versorgen; abgeblühte Stiele und Samenschoten entfernen, damit sich neue Knospen bilden.

Extra-Tipp: Duftwicken zieht man leicht aus Samen selber. Dazu werden die Samen im März in Töpfe gesät. Nach den Eisheiligen die Jungpflanzen in die Balkongefäße setzen.

Sorten: 'Apricot Spirit' – aprikot; 'Chatsworth' – lavendelblau; 'Matucana' – blaue Blüte mit purpurnem Flügel, intensiver Duft.

Lavendel
(Lavandula angustifolia)

Dieser wundervolle Halbstrauch unterstreicht die sommerliche Stimmung in jeder mediterranen Gestaltung.

Wuchs: Buschig, verzweigt, aufrecht, halbstrauchig; zwischen 25 und 60 cm hoch.

Blüte: Kleine Lippenblüten in lang gestielten Ähren über dem blaugrauen Laub; violett bis lila.

Standort: Sonnig, warm.

Pflege: Regelmäßig gießen, vor anhaltender Bodenfeuchtigkeit schützen, mäßig düngen; Triebe unmittelbar nach der Blüte einkürzen, damit sich kompakte Büsche entwickeln, oder im März zurückschneiden.

Überwinterung: An einem geschützten Standort auf dem Balkon, gelegentlich gießen, mit Tannenzweigen vor Frost und Wintersonne schützen.

Extra-Tipp: Die Pflanzen werden in Kübelpflanzenerde gesetzt und alle 2 bis 3 Jahre umgetopft.

Sorten: 'Hidcote Blue' – dunkelblau, kompakter Wuchs; 'Munstead' – hellblau, 40 cm; 'Grappenhall' – mittelblau, lange Blütenstiele, 50 cm hoch

Lilie
(Lilium-Hybride)

Die Blüten dieser Zwiebelblume überzeugen durch Schönheit, Größe und einen intensiven Wohlgeruch.
Wuchs: Eintriebig, straff aufrecht, aus einer Zwiebel, Höhe zwischen 50 und 150 cm.
Blüte: Spitz oder flach trichterförmig, seitlich abstehend, bisweilen auch nahezu schalenförmig geöffnet, mit zurückgeschlagenen Blütenblättern von einer sehr festen Substanz, wohlriechend, weiß, rosa, orange, rot, mit Streifen oder feinen Punkten, große Staubgefäße.
Standort: Sonnig, warm, bevorzugt Plätze mit hoher Luftfeuchte.
Pflege: Pflanzung im März, Zwiebeln auf eine dicke Schicht aus Sand und Kies legen, Blütenstiel bei hohen Sorten mit einem Bambusstab stützen; abgeblühten Stiel abschneiden.
Überwinterung: Zwiebeln abdecken und an einem geschützten Platz überwintern.

Extra-Tipp: Staubgefäße abschneiden, da sie auf Stoffen Flecken bilden, die schwer zu entfernen sind.

Levkoje
(Matthiola incana)

Sie ist eine echte Duftschönheit aus dem Repertoire der ländlichen Gartenblumen, die man auch als Schnittblume kennt.
Wuchs: Aufrecht, kaum verzweigt, zwischen 30 und 100 cm hoch.
Blüte: Rundlich, offen, Durchmesser etwa 2 cm, in endständigen Trauben, zum Teil gefüllt, in Rosa, Weiß, Cremegelb, Rot, Violett.
Standort: Sonnig, warm.
Pflege: Gute Wasser- und Nährstoffversorgung, Boden gleichmäßig feucht halten; Verblühtes regelmäßig entfernen.

Extra-Tipp: Ab Ende Februar kann man Levkojen aussäen. Die Töpfe sollten hell und mäßig warm aufgestellt werden. Im April die Sämlinge pikieren und im Mai die Pflanzen in Balkongefäße pflanzen.

Sorten: 'Großblumige Erfurter Prachtmischung' – 35 cm hoch, buschig, 'Cinderella'-Serie – für Gefäße, 20–25 cm hoch, buschig.

Duftpelargonien
(Pelargonium)

Im Vergleich zu den meisten anderen Duftpflanzen überzeugen Duftpelargonien nicht durch ihr Blütenparfüm, sondern durch das Aroma ihrer Blätter.
Wuchs: Aufrecht, buschig, reich verzweigt, meist starkwüchsig, Höhe zwischen 25 und 60 cm.
Blüte: Zierlich, im Vergleich zu aufrechten und hängenden Sorten eher klein, meist weiß, hellrosa, kräftig rosa, rot.
Standort: Sonnig, warm, windverträglich, trockene Standorte.
Pflege: Mäßig gießen, Staunässe unbedingt vermeiden; mäßig düngen; welke Blütenstände entfernen; verträgt kräftigen Rückschnitt.
Überwinterung: Vor dem Frost einräumen; hell und kühl aufstellen. Die Büsche können bis auf ein Drittel problemlos eingekürzt werden. Im März (nochmals) zurückschneiden und in frisches Substrat topfen.

Extra-Tipp: Der Duft der Blätter ist sehr verschieden. Es gibt zitronige, rosige oder würzige Duftnoten, die sich entfalten, wenn man mit der Hand über die Blätter streicht.

AUSSICHT AUF ROSIGE ZEITEN

Rosen gehören zu den Pflanzen, die nicht nur im Garten eine wichtige Rolle spielen. Auch in Töpfen haben sie sich einen Namen gemacht. Allerdings muss man für einen erfolgreichen Rosensommer auf dem Balkon die richtige Sortenwahl treffen. Beginnen wir mit der Wuchsform: Während man Kletter- und Wildrosen zunächst außen vor lässt, finden sich im Bereich der Bodendecker-, Strauch-, Beet- und Hochstammrosen eine Vielzahl von Schönheiten, die ihre Pracht im Kübel entfalten. Ein besonderer Tipp sind die Miniaturrosen, da sie gut mit dem geringen Wurzelraum eines Balkonkastens auskommen. Das Augenscheinlichste jedoch sind die Blüten. Bei richtiger Sortenwahl können wir uns an einer langen Blütezeit bei gleichzeitig geringer Krankheitsanfälligkeit erfreuen, so dass die Schönheiten den ganzen Sommer über im Mittelpunkt stehen.

Mini-Rosen wie diese sind willkommene Topfpflanzen für Tische und Wandregale. Aber auch in Balkonkästen entfalten sie problemlos ihre Blütenpracht. Zarte Tuffs von Schleierkraut umspielen die runden Köpfchen der Zwergrosen.

Rosa Strauchrosen und ein Hochstämmchen blühen um die Wette. Während der Rittersporn die vertikalen Linien betont, füllen Glockenblumen und Funkien dezent die Zwischenräume und schaffen traumhaft schöne Verbindungen.

Die Königin der Blumen lässt bitten

Die Rose zählt zu den beliebtesten Blütenschönheiten. Und immer öfter ist sie auf dem Balkon anzutreffen, denn ihr Formenreichtum bietet eine Vielzahl von Verwendungsmöglichkeiten. In Balkonkästen, Ampeln, Kübeln und Töpfen machen

Zwergrosen wie auch Bodendecker-, Strauch- und Beetrosen eine gute Figur. Allerdings brauchen diese uralten Kulturpflanzen optimale Pflege, um dauerhaft Freude zu machen.

Voraussetzung für den ungetrübten Erfolg sind Plätze ohne gleißende Mittagshitze. Hohe Töpfe sind zu bevorzugen, damit sich die Wurzeln langgestreckt entfalten können. Im Fachhandel findet man deshalb so genannte Rosentöpfe, sie sind speziell auf die Rosen-Bedürfnisse abgestimmt. Damit sich die Gefäße nicht zu stark aufheizen und die Wurzeln verbrennen, sollten sie nicht zu dunkel sein. Regelmäßiges Gießen und eine gute Nährstoffversorgung sind unerlässlich für gesundes Wachstum und üppige Rosenblüten. Achten Sie darauf, dass überschüssiges Wasser gut abfließen kann, denn Staunässe macht dem Wurzelwerk der Königin der Blumen das Leben schwer. Eine Dränageschicht aus Blähton, ein großes Abzugsloch und die Aufstellung der Töpfe auf fingerdicken Leisten oder Tonfüßchen sind Hilfsmittel für ein langes Rosenleben.

Die mobilien Rosen überwintern im Freien, doch ausreichende Frosthärte stellt sich nur ein, wenn man die Düngung bereits in der zweiten Juli-Hälfte drosselt. Nur so reifen die Triebe aus. Sobald das Laub abgefallen ist, schützt man die Wurzelballen mit einer dicken Isolierschicht. Diese kann aus Luftpolsterfolie, Laub oder Kokosvlies bestehen. Zugleich sollte man den Rosen einen geschützten Platz geben,

Schöne Balkone zum Nachpflanzen

(Bild siehe Seite 82)

① Hochstammrose 'Piroschka' *(Rosa)*
② Rose 'Bonica '82' *(Rosa)*
③ Zypresse, spindelförmig *(Cupressus)*
④ Funkie *(Hosta)*
⑤ Rosmarin *(Rosmarinus)*
⑥ Glockenblume *(Campanula)*

der nicht zu stark besonnt ist, oder die Triebe mit einer Schilfrohrmatte schattieren. So können die Temperaturschwankungen den Rosen im Winterschlaf nichts anhaben. Im späten Winter wird es Zeit, die Pflanzen in frische Erde zu setzen. Dabei die Wurzel gegebenenfalls etwas einkürzen, damit sie sich wieder gut entfalten kann, und die Triebe um etwa zwei Drittel kürzen, damit sich die Krone neu aufbaut.

Rosenschönheit en miniature

Zwergrosen sind in allen Teilen kleiner als die üblichen Sorten. Dadurch eignen sich diese maximal 40 cm hohen Sorten besonders gut zur Bepflanzung von Balkonkästen. Sorten wie 'Orange Meillandina', 'Pink Symphonie', 'Sonnenkind' und 'Zwergkönig '78' eignen sich ebenso gut wie die englischen Sorten, die auch als Patio-Rosen bekannt sind. Auch die beim Floristen angebotenen Sorten für das Zimmer gedeihen auf dem Balkon. Man kann sie hübsch mit schwach wachsendem Efeu (Hedera helix) und Männertreu (Lobelia erinus) ergänzen. Nur zu dicht sollten die Pflanzen nicht stehen, da sich bei feuchter Witterung Pilzkrankheiten ausbreiten.

Gartenklassiker in Kübeln

Die Favoriten auf dem Balkon sind die Beetrosen. Bei der Auswahl sind zum einen die Wuchsform, zum anderen die lange Blütezeit interessant. Robust sind zum Beispiel 'Bonica '82', 'La Sevilliana' und 'Mountbatten'.

Unter den Strauchrosen gibt es zahlreiche Sorten mit dem nostalgischen Charme historischer Rosen, sie bieten sich für romantische Gestaltungen an. 'Heritage' in Rosa, die perlmuttfarbene 'Eden Rose '85' und 'Abraham Darby' in einem feinen Aprikot

In dem edlen Metallgefäß blühen Zwergrosen in den verschiedensten Farben. Aufgelockert werden die Sorten 'Ramona', 'Dream-Hit', 'Isabel-Hit' und 'Royal Palace' von den graulaubigen Trieben des kleinblättrigen Lakritzkrautes.

Das weiß blühende 'Schneewittchen' entfaltet sich prächtig in diesem bauchigen Gefäß, die Zwischenräume füllen zarte Blütenrispen der Bergminze. Läßt man die welken Rosenblüten am Rosenstrauch, schmückt er sich im Herbst mit roten Hagebutten.

Der Formenreichtum der Rosen ist wunderschön. Wer keinen Platz für Rosen im Topf hat, kann den Zauber als Blumenstrauß genießen. Die duftenden, gefüllten Blüten halten mehrere Tage, wenn man sie mittags in den Schatten rückt und nachts kühl stellt.

Die Blüten der Zwergrose 'Baby Maskerade', hier auf einen Stamm veredelt, sind außen rosa und in der Mitte orangegelb gefärbt. Dieses raffinierte Farbenspiel greift die rotgelbe Akelei im Frühsommer auf.

unterstreichen die sommerliche Stimmung, zumal die Blüten einen köstlichen Duft entfalten. 'Ghislaine de Féligonde' ergänzt die mobile Rosengesellschaft anmutig und zugleich sehr natürlich mit gelben Blüten. Bei diesen hohen Rosen versteht es sich von selbst, dass das Gefäß nicht nur hoch, sondern auch ausreichend groß sein muss.

Auch Bodendeckerrosen machen sich auf dem Balkon beliebt. Sorten wie 'Mirato', 'Heidetraum' und 'The Fairy' fügen sich mit ihrem buschigen Wuchs harmonisch in Balkongestaltung ein. Niederliegende Sorten, zum Beispiel 'Scarlet Meidiland', 'Snow Ballet' und 'Heidekönigin' schmücken mit ihren elegant überhängenden Trieben gerne Ampeln.

Wer unbedingt die Wände mit Kletterrosen schmücken will, findet zwar nicht allzu viele Sorten, die ausreichend robust sind, aber mit der weißen 'Ilse Krohn superior', der leuchtend rosafarbenen 'Rosarium Uetersen' und 'New Dawn' in zartem Rosaweiß erfüllt sich auch dieser Traum. Es ist nur zu bedenken, dass das Klima vor einer Südwand aufgrund der geringen Luftzirkulation nicht besonders empfehlenswert ist.

Das Rosen-Hochstämmchen

Stammrosen haben sich für das Balkonvergnügen bewährt, denn sie lassen sie sich wegen ihrer besonderen Wuchsform Platz sparend verwenden. Um ihre Schönheit gebührend bewundern zu können, platziert man sie je nach Stammhöhe etwas

unterhalb oder oberhalb des Balkongeländers, auf jeden Fall aber so, dass man im Sitzen die Blüten perfekt sieht. Diese Höhe bleibt über die Jahre gleich, da die Krone immer wieder eingekürzt wird.

Rosenhochstämmchen nutzen nicht nur die Fläche des Balkons optimal, sondern setzen deutliche Akzente in der Gesamtgestaltung. Zwei oder drei gleich hohe Stämmchen der selben Sorte können Symmetrien unterstreichen. Rechts und links eines Sitzplatzes platziert, entsteht ein duftender, blumiger Rahmen.

Um die Wuchsform gut zur Geltung zu bringen, empfiehlt es sich, den Fuß der Stämmchen zu bepflanzen. Dabei haben Blumen den Vorrang, die sich in ihrer Wirkung den Rosen unterordnen, wie zum Beispiel mehrjährige Teppich-Glockenblumen *(Campanula poscharskyana)* oder Männertreu *(Lobelia erinus)*, niedrige Sorten des Leberbalsam *(Ageratum houstonianum)* sowie Duftsteinrich *(Lobularia maritima)* aus dem Reich der Einjährigen.

Zusammen mit weißem Sommerphlox und Bartfaden schmückt die gelbe Strauchrose 'The Pilgrim' diesen Sitzplatz. Die weißgrüne Grünlilie, eigentlich eine Zimmerpflanze, fügt sich mit ihren grasartigen Blättern malerisch in die Situation ein.

Die schönsten Rosen für Kübel, Tröge, Kästen und Ampeln

Sorten (Gruppe)	Blüte	Wuchsform	Verwendung
'Abraham Darby' (Strauchrose)	apricot, gefüllt	überhängend	Kübel
'Bonica '82' (Beetrose)	rosa, gefüllt	buschig	Kübel, Tröge
'Eden Rose '85' (Strauchrose)	rosa, gefüllt	aufrecht	Kübel
'Heidetraum' (Bodendeckerrose)	rosa, halb gefüllt	überhängend	Kübel, Ampeln
'Heritage' (Strauchrose)	rosa, gefüllt	buschig	Kübel
'Louise Odier' (Strauchrose)	rosa, gefüllt	überhängend	Kübel
'Mirato' (Bodendeckerrose)	rosa, gefüllt	buschig	Kübel, Tröge
'Orange Meillandina' (Zwergrose)	orangerot, gefüllt	aufrecht	Balkonkästen
'Pink Symphonie' (Zwergrose)	rosa, gefüllt	aufrecht	Kübel, Balkonkästen
'Rose de Resht' (Beetrose)	rosarot, gefüllt	aufrecht	Kübel
'Sommerwind' (Bodendeckerrose)	rosa, halb gefüllt	buschig	Tröge
'Swany' (Bodendeckerrose)	weiß, gefüllt	überhängend	Tröge, Ampeln
'Sonnenkind' (Zwergrose)	gelb, gefüllt	aufrecht	Balkonkästen
'The Fairy' (Bodendeckerrose)	rosa, gefüllt	buschig	Kübel, Ampeln

WENN SICH DIE SONNE RAR MACHT

Den wahren Wert des Schattens lernt man erst dann zu schätzen, wenn sich im Hochsommer eine Schönwetterperiode breit macht. Während alle Besitzer eines Sübdbalkons die Rolläden geschlossen halten und ihn erst ab dem frühen Abend nutzen können, lassen die Besitzer von Schattenbalkonen keine Siesta aus. Denn zwischen üppigen und gesunden Blütenpflanzen entstehen auch dort wunderschöne Sitzplätze, wo die Sonne zu den Ausnahmen gehört. Schließlich sind Schattenlagen ganz natürliche Lebensräume mit einer reichen Auswahl an Pflanzen. Viele Sonnenanbeter kommen gut mit etwas weniger Licht aus. Und Schatten bedeutet schließlich nicht, dass die Sonne nie zu sehen ist.

Sternförmige Blütenzeichnungen vertreiben die Tristesse im Schatten. Vor allem die Fleißigen Lieschen sorgen pausenlos und unermüdlich für frischen Blütennachschub.

Eine rosarote Symphonie ergibt sich aus dicht gefüllten Knollenbegonien in der Mitte und Edellieschen an den beiden Außenseiten. Überhängende Fuchsien verdecken den Balkonkasten nahezu vollständig.

Die Wohltat des schattigen Balkons

Wenn man von einer schattigen Lage spricht, wird in der Regel stark verallgemeinert. Nur ein Balkon, der an der Nordseite eines Hauses liegt, kann bedingungslos

als **Schattenbalkon** bezeichnet werden. Häufiger haben Balkone ihre Ausrichtung nach Osten oder Westen. Sie kommen morgens oder abends in den Genuss der Sonnenstrahlen. Diese Lagen werden auch als **wechelsonnig** bezeichnet. In der Regel sind sie zur Mittagszeit unbesonnt. Und während man auf einem Ostbalkon das Frühstück in der warmen Morgensonne genießen kann, ist es schön, auf einem Westbalkon den Tag mit dem Sonnenuntergang ausklingen zu lassen. Nun gibt es aber Balkone, die zwar nach Süden ausgerichtet sind, jedoch im Schatten einer großen Baumkrone liegen. So mancher Sonnenstrahl dringt hindurch, das pralle Sonnenlicht wird aber fern gehalten. Diese **halbschattigen Lagen** ergänzen sich perfekt und schenken dem Balkongärtner eine wundervolle Atmosphäre.

Bei der Gestaltung sind die Pflanzen wichtige Helfer, um der Tristesse des Schattens keine Chance zu geben. Verwenden Sie deshalb Pflanzen mit hellen Blüten, die viel Licht reflektieren und fast wie kleine Scheinwerfer wirken. Verspiegelte Glaskugeln sowie Glaskristalle von alten Kronleuchtern blitzen zwischen den Blättern auf und reflektieren die seltenen Sonnenstrahlen. Natürlich macht es gerade im Schatten viel Sinn, die Wände des Balkons hell zu streichen und helles Mobliliar auszuwählen.

Während man auf sonnigen Balkonen regelmäßig gießen muss, darf die Erde im Schatten getrost etwas abtrocknen, damit

Schöne Balkone zum Nachpflanzen

(Bild siehe Seite 88)

① Begonie 'Dragon Wing' (Begonia)
② Buntnessel (Solenostemon)
③ Trichterwinde (Pharbitis)
④ Weißblaues Veilchen (Viola hederacea)
⑤ Pfennigkraut (Lysimachia nummularia)
⑥ Efeu (Hedera helix)
⑦ Buntsegge 'Evergold' (Carex)
⑧ Heuchera (Heuchera-Hybride)
⑨ Günsel (Ajuga reptans)

sich die Wurzeln gut entfalten können und nicht faulen. Denn in Schattenlagen verdunstet das Wasser langsamer.

Blüten in Hülle und Fülle

Fuchsien *(Fuchsia)*, Begonien *(Begonia)* und Fleißige Lieschen *(Impatiens)* gehören zu den Favoriten für einen bunten Flor im Schatten. Was die Geranien *(Pelargonium)* für den sonnigen Balkon sind, bedeuten die Fuchsien für den Schatten. Auch bei ihnen unterscheidet man zwischen aufrecht wachsenden und hängenden Formen. Die Blüten, deren Hauptfarben von Weiß bis Rot mit verschiedensten Zwischentönen von Lachs über Rosa bis Lilaviolett liegen, zeigen sich sehr variabel. Mal erscheinen sie als kugelig runde Glocken, mal als zierliche spitze Glöckchen, mal zeigen sie die

Form von mehrere Zentimeter langen Röhren. Einfach oder prall gefüllt, Ton-in-Ton oder mehrfarbig – es bleiben keine Wünsche offen. Das Angebot reicht von Hochstämmchen und Ampelpflanzen bis hin zu Kübel- oder Kastenpflanzen. So kommen zuverlässig und pausenlos Blüten auf den Balkon, die sich in der Höhe hintereinander staffeln lassen.

Leuchtende Farben bringen Begonien *(Begonia)*, insbesondere die Knollenbegonien *(Begonia*-Knollenbegonien-Hybriden) auf den Balkon. Die überhängenden Pflanzen besitzen große gefüllte Blüten in verschiedenen Rosa- und Rottönen, aber auch in Gelb, Weiß und Orange. Fleißige und Edel-Lieschen *(Impatiens walleriana*, und *I.*-Neuguinea-Hybriden) blühen ebenfalls reich, ihr Laub ist dann kaum noch zu sehen.

»Blaue Stunde« auf dem Nordbalkon. Späte Sonnenstrahlen lassen die Fuchsienblüten leuchten und eine Hochstamm-Zypresse gibt Sichtschutz, während bunte Glasplättchen die Sonne einfangen.

Peppige Frische bringen die verschiedenen Sorten der Buntnesseln auf den Balkon, der in gelben und orangeroten Tönen gestaltet ist.

In die Sommerfrische hat es Zimmerpflanzen wie Birkenfeige, Drachenbaum und Zimmerhopfen gelockt.

TIPP

Zimmerpflanzen erholen sich bei einer sommerlichen Frischluftkur hervorragend. Doch sonnige Plätze sind meist zu hell. Im Halbschatten und Schatten dagegen fügt sich der Blattschmuck von Grünpflanzen perfekt ein und füllt geschickt die Lücken.

Von den Multitalenten

Obwohl sich viele Balkonpflanzen nur in der Sonne prachtvoll entwickeln, kann man einige auch für halbschattige oder wechselsonnige Plätze begeistern. Im Repertoire der gelb blühenden macht sich zum Beispiel der Goldzweizahn *(Bidens ferrulifolia)* gut, auch wenn man die Erwartungen an Zuwachs und Blütenmenge etwas nach unten korrigieren muss. Die Schneeflockenblume *(Sutera diffusus)* dagegen entwickelt sich im kühlen Schatten nahezu ebenso prächtig wie in der Sonne. Kapuzinerkresse *(Tropaeolum)* und Studentenblume *(Tagetes)* erobern den Halbschatten zusammen mit den verschiedenen Formen des Männertreu *(Lobelia)* und der Fächerblumen *(Scaevola saligna)*.

Zauberhafte Blätter

Blattschmuck hat im Schatten seinen großen Auftritt. Mit Pflanzen wie der Buntnessel *(Solenostemon scuttelarioides)*, Efeu *(Hedera helix)* und den unzähligen Formen der Funkie *(Hosta)* lässt sich raffiniert gestalten. Das Repertoire der Formen bereichern Farne und schattenliebende Gräser, zum Beispiel Seggen *(Carex)*. Die vielen verschiedenen Grüntöne ergänzen sich und dürfen durch einige kleinblumige Fuchsien *(Fuchsia magellanica)* und hübschen Zierklee *(Oxalis)* aufgelockert werden.

Knollenbegonien

(Begonia-Knollenbegonien-Hybriden)

Leider haben Begonien einen leicht verstaubten Ruf. Aufgrund ihrer großen, gefüllten Blüten und ihrer ganz unterschiedlichen Wuchsformen sollte man die Vorurteile vergessen und sich von der bezaubernden Schönheit dieser schattenverträglichen Pflanzen überzeugen lassen.

Wuchs: Je nach Sortengruppe stehend, halb oder stark hängend; zu der letzten Gruppe zählen vor allem die **Girlanden-Begonien**; die Trieblänge variiert zwischen 25 und 45 cm.

Blüte: Rundlich, mit fast fleischigen Hüllblättern, sehr substanzreich, zum Teil gefüllt, auch gekräuselte Blattränder; Durchmesser je nach Sortengruppe 3–8 cm, in Weiß, Orange, Gelb, Rosa, Rot, auch andersfarbige Randzeichnung.

Standort: Hell bis halbschattig; regen- und windgeschützt; sonnige Standorte sind nur möglich, wenn die Erde gleichmäßig feucht gehalten werden kann.

Pflege: Erst auspflanzen, wenn es angenehm warm ist, etwa Mitte Mai; gleichmäßig feucht halten, wobei die Blätter beim Gießen nicht zu nass werden sollten, regelmäßig düngen; welke Blüten regelmäßig ausputzen, da sich sonst leicht Grauschimmel bildet.

Überwinterung: Knollen können überwintert werden; dazu die Pflanzen bis zum Frost im Freien lassen, Erde gut abtrocknen lassen, die Knollen vorsichtig reinigen, keine Verletzung riskieren, bei 5–10 °C luftig aufstellen, bei gelegentlicher Kontrolle faulig weiche Knollen entsorgen.

Extra-Tipp: Die überwinterten Knollen im Februar antreiben. Dazu legt man sie auf feuchten Torf an einen hellen, warmen Platz. Wenn Blätter treiben, die Knollen umtopfen und allmählich abhärten.

Verschiedene Knollenbegonien: 'Illumination' (oben); 'Nonstop Goldorange' (Mitte links); 'Illumination Lachsrosa' mit der Sorte 'Pin up' (Mitte rechts); 'Dragon Wing' (rechts).

Sorten: 'Illumination'-Serie – Girlandenbegonie; 'Dragon Wing' – überhängende Triebe, locker aufgebaute, kleine Blüten, rot; 'Panorama'-Serie – gefüllte Blüten, halbhängend; 'Pin Up Flamme' – einfache Blüten, hellorangefarben; 'Tenella'-Begonien – schmale Blütenblätter, dadurch ganz eigener Charakter, spitzes Laub, überhängender Wuchs.

Fuchsie
(Fuchsia-Hybriden)

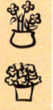

Das Sortiment ist für den Laien kaum noch zu überschauen, denn die Züchter bringen ständig neue Formen ins Spiel, so dass es mit Fuchsien im Schatten garantiert nie langweilig wird.

Wuchs: Stehend oder hängend, reich verzweigt, zwischen 25 und 60 cm hoch, Hochstämmchen auch bis 1 m.

Blüte: Glockenförmig, länglich gestreckt bis kugelig aufgeplustert, zum Teil gefüllt, Blüte ist zweiteilig und besteht aus hochgeschlagenen Kelchblättern und einer fast geschlossenen Blütenkrone, meist sind die beiden Blütenblattkreise unterschiedlich geformt und ausgefärbt; Staubgefäße stehen nadelartig aus der Blütenkrone heraus; traubige Blütenstände, Farben von Rosa, Lachs, Orange, Weiß bis zu verschiedenen Rottönen und/oder Violett.

F.-Triphylla-Hybriden haben sehr schlanke Blüten, die in dichten Büscheln zusammen stehen.

Standort: Hell bis halbschattig, manche Sorten vertragen auch einen sonnigen Platz, allerdings darf sich das Klima in den Mittagsstunden nicht übermäßig aufheizen.

Pflege: Gleichmäßig feucht halten, schwach dosiert, aber regelmäßig düngen; bei Pflanzen, die überwintern sollen, ist das Düngen im August einzustellen; Fruchtansätze müssen regelmäßig entfernt werden.

Überwinterung: Man kann die Pflanzen hell und kühl oder dunkel und kühl überwintern. Die Temperaturen sollten dabei nicht höher als 8 °C sein. Bei der dunklen Überwinterung wird das Laub abgeworfen. Im März die Pflanzen dann hell und auch etwas wärmer stellen, damit sie nach dem Rückschnitt wieder kräftig durchtreiben. Die Überwinterung lohnt sich vor allem für Hochstämmchen und größere Büsche.

Extra-Tipp: Wenn die Fuchsien blühfaul werden, ist es ratsam zu überprüfen, ob eventuell unter den Blättern Früchte heranreifen. Damit das Blühen nicht versiegt, müssen diese gründlich abgeknipst werden. Innerhalb weniger Tage sprießen dann neue Knospen.

Verschiedene Fuchsien: Die Sorten 'Lilian Ray' und 'Vielliebchen' (oben); hängende Fuchsie als Ampelbepflanzung (Mitte links); Fuchsien zusammen mit dem Blattschmuck der buntlaubigen Segge *(Carex hachijoensis)* (Mitte rechts); Hochstämmchen einer typischen *Fuchsia*-Triphylla-Hybride (links).

Hortensie
(Hydrangea macrophylla)

Hortensien verleihen dem schattigen Balkon mit ihre bezaubernden Blütenbällen ein üppige und großzügige Note.
Wuchs: Aufrecht, buschig, reich verzweigt, Höhe im Topf zwischen 40 und 70 cm, ältere Exemplare auch höher.
Blüte: Doldenrispen, kugelig mit einem Durchmesser von 15–20 cm, große sterile Blüten mit intensiv gefärbten Kelchblättern; rosa, rot, weiß, blau.
Standort: Halbschattig.
Pflege: Pflanzung in eine Rhododendronerde mit niedrigem pH-Wert (saure Bodenreaktion), regelmäßig mit abgestandenem Wasser oder Regenwasser gießen, im Frühsommer mehrmals düngen, bei mehrjährigen Pflanzen lediglich tote Triebspitzen und überalterte Äste abschneiden.
Überwinterung: Möglichst frostfrei, z.B. in einer Garage, oder mit Jute und Schilfrohrmatten einpacken, vorher unbedingt das abgefallene Laub absammeln.

Extra-Tipp: Wer dauerhaft blaue Blüten wünscht, muss mit einem Alaunpräparat aus dem Fachhandel düngen.

Edellieschen
(Impatiens-Neuguinea-Hybride)

Mit glänzend grünen, fein gezeichneten Blättern verbindet das Edellieschen Blütenpracht und Blattschmuck.
Wuchs: Aufrecht, buschig, reich verzweigt, zwischen 25 und 35 cm hoch.
Blüte: Rund mit einem langen Sporn, Durchmesser etwa 4 cm; von Weiß über Rosa, Orange, Rot bis zu Violett, zum Teil zweifarbig.
Standort: Halbschattig und schattig, geschützt.
Pflege: Nicht zu früh auspflanzen, da die aus Neuguinea stammenden Pflanzen kälteempfindlich sind; regelmäßig gießen; mäßig düngen; Verblühtes ausputzen, um die Knospenbildung anzuregen.

Extra-Tipp: Wenn Sie zum Beginn der Saison die Triebspitzen ein paar mal ausknipsen, verzweigen sich die Pflanzen stärker und werden buschiger.

Fleißiges Lieschen
(Impatiens walleriana)

Es ist wirklich erstaunlich, in welch kurzer Zeit sich aus den kleinen Pflanzen üppige, kugelige Büsche entwickeln können.
Wuchs: Buschig, aufrecht, reich verzweigt, 20–30 cm hoch.
Blüte: Rund geformt, zum Teil rosenartig gefüllt, dicht nebeneinander an den Triebenden; rosa, weiß und rot in verschiedenen Variationen.
Standort: Halbschattig, regengeschützt; im Schatten weniger Blüten; Feuerlieschen (Sortengruppe 'Firefly') gedeihen auch gut in der Sonne.
Pflege: Gleichmäßig feucht halten, schwach dosiert düngen; putzen sich in der Regel selber aus; gefüllte Blüten sollten bei Pflanzen abgesammelt werden, wenn sie nach längerem Regen verkleben.

Extra-Tipp: Besonders edel wirken rosenartig gefüllte Blüten. Sie lassen sich gut mit kleinblättrigen Funkien *(Hosta)* und Teppichglockenblumen *(Campanula poscharskyana)* kombinieren. Die weißen Sorten sind hervorragende Aufheller im Schatten.

DIE BUNTE SHOW DER AKROBATEN

Kletterpflanzen erobern auf dem Balkon die dritte Dimension. Platz sparend breiten sie sich mit ihren Trieben an Rankgerüsten und Kletterhilfen aus und schmücken sich zugleich mit farbigen Blüten. Das Erstaunliche dabei ist ihre enorme Wuchskraft, denn die Kletterpflanzen für den Balkon sind in der Regel einjährig. Das heißt, man legt im Frühjahr die Samen in die Erde, um spätestens im Juli mit einer wunderschönen »Naturtapete« belohnt zu werden. Damit erweisen sich die blühenden Wände als erste Helfer in Sachen Sichtschutz. Sie schirmen die offenen Seiten des Balkons ab, so dass man vor fremden Blicken verschont bleibt. Und auf sehr sonnigen Balkonen ist der grüne Pelz ein willkommener Schattenspender.

Die großen, leuchtend blauen Blüten der Prunkwinde lachen der Mittagssonne entgegen. Am besten entwickelt sich dieser einjährige Klettermaxe an einem warmen Standort, wo man den Trieben fast beim Wachsen zusehen kann.

Es ist kaum zu glauben – diese dicht belaubte, buschige Säule ist in nur wenigen Wochen herangewachsen. Zudem zeigt sich, dass man für einen großartigen Effekt nicht unbedingt eine spektakuläre Pflanze benötigt. Feuerbohnen schmücken das Blattwerk mit ihren exotisch roten Blüten und lassen zugleich auf einen deftigen Bohneneintopf hoffen.

Ein blütenreicher Sichtschutz

Das Besondere an Kletterpflanzen besteht darin, dass sich diese Gewächse aktiv bewegen, um Halt zu finden. Dabei haben sie im Laufe der Evolution ganz unterschiedliche Organe zur Befestigung entwickelt. So unterscheidet man zwischen Schling- und Rankpflanzen, den Spreizklimmern sowie Kletterpflanzen mit Haftorgangen. Dabei spielen die ersten beiden Gruppen, also die Schling- und Rankpflanzen, für die Balkongestaltung eine größere Bedeutung als die beiden anderen Gruppen.

Schlingpflanzen winden sich mit ihren Trieben um eine Kletterhilfe. Stäbe, Leisten, Drähte, aber auch reich verzweigte Pflanzen mit festen Trieben, etwa Gehölze, eignen sich gut. Bei der Anbringung eines Spaliers an einer Wand ist auf ausreichenden Abstand zu achten. Dieser gewährleistet, dass sich die schlingenden Triebe locker um die Kletterhilfe legen können.

Zu den Schlingern zählen zum Beispiel Feuerbohnen *(Phaseolus coccinea)* und Schwarzäugige Susanne *(Thunbergia alata)*. Sind die Wachstumsbedingungen optimal, erweisen sich die meisten Schlingpflanzen als rasch und stark wüchsig.

Rankpflanzen zeichnen sich dadurch aus, dass sie mit Hilfe von speziellen Organen, die sich spiralig um einen Draht oder eine Schnur winden, Halt finden. Diese Ranken können auf die Blattspreite reduzierte Blätter oder Verzweigungen sein. Die ideale Kletterhilfe für diese Akrobaten sollte relativ dünn aber sehr stabil sein und besteht vorzugsweise aus Draht. Eine typische Rankpflanze ist die hübsche Duftwicke *(Lathyrus odoratus)*.

Schöne Balkone zum Nachpflanzen

(Bild siehe Seite 96)

① Schwarzäugige Susanne *(Thunbergia alata)*
② Ziertabak, weiß *(Nicotiana)*
③ Husarenknöpfchen *(Sanvitalia)*
④ Lakritzkraut *(Helichrysum)*
⑤ Kartoffelstrauch *(Lycianthes rantonnetii)*
⑥ Bleiwurz *(Plumbago auriculata)*

Der Sitzplatz auf dem Balkon ist lauschig eingewachsen. Die lila-blauen Prunkwinden am Spalier mischen sich in das Farbenspiel von Schmuckkörbchen, Dahlien und Leberbalsam – der Farbverlauf wird abgerundet.

Die bekannteste Kletterpflanze mit **Haftorganen** ist Efeu *(Hedera helix)*. Berühren seine Triebe eine raue Oberfläche, bilden sich unzählige feine Härchen, mit denen sie sich festhalten. Im Balkonkasten wachsen die Triebe in die Länge und hängen, da Befestigungsmöglichkeiten fehlen, schließlich über. Wüchsige Efeusorten kann man auch an einem Drahtgitter in die Höhe führen und die Triebspitzen von Hand zwischen die Drähte flechten.

Spreizklimmer haken sich mit ihren Trieben an Spalieren und strauchigen Gehölzen ein und ziehen sich in die Höhe. Ein typischer Vertreter ist die Brombeere *(Rubus fruticosus)*, auf dem Balkon werden die Triebe meist zusätzlich angebunden.

Platz sparend und üppig

Bei der Planung der Balkonbepflanzung stehen meist unzählige Wünsche auf der Liste. Und schnell stellt sich die Frage: Wo sollen die Schönheiten untergebracht werden? So manche Gestaltungsidee muss auf das nächste Jahr verschoben werden, doch mit Kletterpflanzen lässt sich die Vorstellung eines üppig grünenden Balkons platzsparend realisieren. Von dem meist knappen Stellplatzangebot auf dem Balkon beanspruchen sie nur wenig, denn meist reicht eine Tiefe von etwa 20 Zentimetern aus.

An den Wänden und zu den Seiten hin lässt sich ein wenig Platz meist gut erübrigen, zumal man durch ausgedehnte Blatt-

Der Sommerhimmel hängt voller Clematissterne, und Klettergehölze entfalten ihre Pracht an Obelisken.

fach man einen mobilen Sichtschutz aus einem Balkonkasten und einer Baustahlmatte selber bauen und bepflanzen kann.

Vertikale Akzente

Kletterpflanzen wachsen nicht nur an Wänden, sondern dürfen auch an dekorativen Rankelementen wie Obelisken und Säulen aus Eisen oder wetterfestem Holz ihre Schönheit entfalten. Diese schlichten bis verspielten Kletterhilfen sind in verschiedensten Höhen auf dem Markt. Sie werden tief in den Topf gestellt oder in die Erde gedrückt. Kleine, 30–50 cm hohe Modelle lassen sich als aufstrebende Struktur in einem Balkonkasten verankern und mit Duftwicken (*Lathyrus*) beranken, höhere bieten sich auch für die ausdauernden Waldreben (*Clematis*) an. Die Gehölze mit ihren großen Blütensternen gedeihen problemlos, wenn die Wurzel schattig steht.

und Blütenpracht belohnt wird. Im Praxisteil dieses Buches wird auf Seite 156 in einer Fotoserie gezeigt, wie schnell und ein-

Weitere Schönheiten, die hoch hinaus wollen

Deutscher Name	Blüte	Kletterhilfe	Bemerkung
Italienische Waldrebe (*Clematis viticella*)	weiß, rosarot, lila	Spalier, Obelisken	mehrjährig, Blüte Juli /August, Höhe bis 3 m
Schönranke (*Eccremocarpus scaber*)	orangerot	feiner Draht	einjährig, Blüte Juni bis Oktober, Höhe bis 1,5 m
Sternwinde (*Ipomoea lobata*)	feuerrot	Spalier, Schnur, Draht	einjährig, Blüte Juni bis Oktober, Höhe bis 1,5 m
Efeu (*Hedera helix*)	unscheinbar	Wände, grober Draht	immergrün, an Draht nicht aktiv kletternd
Gewöhnlicher Hopfen (*Humulus lupulus*)	unscheinbar	Spalier, Obelisk	mehrjährig, hübscher Fruchtschmuck, bis 3 m
Japanischer Hopfen (*Humulus japonicus*)	unscheinbar	Spalier, Obelisk	einjährig, ideal für den Schatten, Höhe bis 2 m
Echter Jasmin (*Jasminum officinale*)	weiß	Spalier, Obelisk	mehrjährig, nicht winterhart, gut 2 m hoch
Duftwicke (*Lathyrus odoratus*)	rosa, weiß, lila, rot	feiner Draht, Obelisk	einjährig, duftende Blüten, Porträt Seite 78
Maurandie (*Maurandya barclaiana*)	fliederblau	feiner Draht	einjährig, zierliche Erscheinung, Höhe bis 1,5 m
Kapuzinerkresse (*Tropaeolum*-Hybride)	orange, gelb, creme	Maschendraht	einjährig, auch überhängend, bis 2 m hoch

Kletterndes Löwenmaul

(Asarina erubescens;
jetzt *Maurandya)*

Zwischen den schuppenförmig übereinander liegenden Blättern dieses Klettermaxen erscheinen die großen, rosaroten Rachenblüten.

Wuchs: Rankpflanze, die Blattstiele winden sich um Kletterhilfen, starkwüchsig, bis 3 m hoch.
Blüte: Trichterförmig, bis 7 cm lang, rosarot, Juli bis Oktober.
Standort: Sonnig, warm.
Pflege: Regelmäßig gießen und düngen, am Anfang die Triebe an die Kletterhilfe leiten und einflechten.

Extra-Tipp: Die recht seltene Art wird im Frühling aus Samen gezogen. Dazu Töpfe mit Saatgut im Februar/März auf der hellen Fensterbank aufstellen. Anfang April werden die Sämlinge pikiert und Mitte Mai ausgepflanzt.
Diese Art ist robuster und wüchsiger als *Maurandya barclaiana* (siehe Tabelle Seite 100) mit violettblauen Blüten. Sie eignet sich auch für den Halbschatten.

Glockenrebe

(Cobaea scandens)

An einem warmen, sonnigen Platz entwickelt sich diese rankende Schönheit zu einer blütenreichen Tapete, die ein guter Sichtschutz ist.

Wuchs: Klettert mit Hilfe einer Ranke an den gefiederten Blättern.
Blüte: Glockenförmig mit zurückgeschlagenen Blütenblättern, etwa 5 cm lang, weißgrün, später violett, ab Juli.
Standort: Sonnig, warm.
Pflege: Reichlich gießen und regelmäßig düngen; die Pflanzen brauchen Draht, gespannte Schnüre oder dünne Bambusstäbe als Rankhilfe; die Früchte sollten entfernt werden, damit sich neue Blütenknospen bilden.

Extra-Tipp: Die Triebspitzen regelmäßig ausknipsen, damit sich die Pflanzen stark verzweigen und die Blütenbildung angeregt wird.

Prunkwinde

(Ipomoea purpurea)

Bei sommerlich warmen Temperaturen entpuppt sich dieses Windengewächs als robust und pflegeleicht. Zudem schmückt es sich mit schlichten, aber auffälligen Blüten.

Wuchs: Schlingend mit bis zu 4 m langen Trieben.
Blüte: Trichterförmig, weit geöffnet, in Weiß, Rosa, Rot, Violett und verschiedenen Blautönen, teilweise mit weißer Mitte, Streifen auf den Blütenblättern, Beginn der Blüte im Juli.

Standort: Sonnig, warm, windgeschützt.
Pflege: Einzelsaat im März auf der warmen Fensterbank, frühzeitig einen Bambusstab als Kletterhilfe neben den Sämling stecken, im Mai auspflanzen, reichlich gießen und regelmäßig düngen; legt man Triebe waagerecht an ein Spalier, wachsen sie vieltriebig; Samenansatz entfernen.

Extra-Tipp: Prunkwinden eignen sich sehr gut, um einen Obelisk oder eine Drahtpyramide zu begrünen.

Sorten: 'Milky Way' – weiß mit blauen Streifen; 'Star of Yalta' – großblumig, lilablau.

BALKONPFLANZEN

Sternwinde
(Ipomoea lobata, Syn. Quamoclit lobata)

Die Schwester der Prunkwinde überzeugt mit raffinierten Blüten, welche durch einen auffälligen Farbverlauf extravagant wirken.

Wuchs: Schlingend, kletternd, bis 6 m hoch.

Blüte: Zungenförmig klein, an langen, einseitswendigen, bis zu 40 cm langen Rispen, Knospen rot, im Aufblühen werden sie heller, zunächst orange, später cremefarben, die hellen Staubblätter ragen filigran aus den Blüten hervor; der dichte Blütenbesatz erscheint frühestens im Juli.

Standort: Sonnig, warm, windgeschützt.

Pflege: Mäßig gießen, Staunässe vermeiden; wöchentlich düngen; Rankhilfe erforderlich.

Extra-Tipp: Die Sternwinde zählt zu den zuverlässig wachsenden Kletterpflanzen, die Spaliere zugleich schnell und dicht schließen.

Feuerbohne
(Phaseolus coccineus)

Schneller Kletterer, der zudem noch unkompliziert ist und Bohnen für mindestens eine Mahlzeit liefert.

Wuchs: Schlingend, kletternd, bis 3 m hoch.

Blüte: Schmetterlingsblüten, klein, an überhängenden Blütenstielen, scharlachrot.

Standort: Sonnig bis halbschattig.

Pflege: Rankgerüst erforderlich; regelmäßig gießen und düngen. Die Früchte lässt man reifen.

Extra-Tipp: Wer schnell einen zuverlässigen Sichtschutz braucht, ist mit Feuerbohnen gut bedient.

Die Bohnen Ende Mai in die Erde legen und am besten über Nacht in handwarmem Wasser quellen lassen. Nach kurzer Zeit stößt der Keimling durch die Erde. Danach kann man beobachten, wie schnell die Pflanzen wachsen. Legt man die Triebe frühzeitig waagerecht, verzweigen sie sich stärker.

Die Pflanzen sind ideal für Gärtner, die erst spät in die Saison starten, denn die Aussaat ist bis Ende Juli möglich.

Lässt man die Früchte voll ausreifen, hat man Samen für das nächste Jahr.

Rosenkleid
(Rhodochiton atrosanguineus)

Nicht nur als Kletterpflanze, sondern auch als Ampelpflanze macht diese Einjährige eine gute Figur.

Wuchs: Schlingend kletternd, von Natur aus halbstrauchig wachsend, Höhe zwischen 3 und 7 m.

Blüte: Zweiteilig, rosaroter Kelch mit dunkelroter Krone, Größe etwa 3,5 cm; Kelch haftet lange an den Trieben.

Standort: Sonnig, warm, geschützt.

Pflege: Mäßig gießen, wöchentlich düngen, Rankhilfe erforderlich.

Extra-Tipp: Aussaat ist möglich, aber die Pflanzen müssen mindestens 5 Monate alt sein, um Blüten anzusetzen. Daher sollte man bevorzugt vorgezogene, bereits blühende Pflanzen kaufen.

Die Blüten sind sehr extravagant, durch ihre vornehm dunkelrote Farbe spielt sich die Pflanze nie übermäßig in den Vordergrund.

Schwarzäugige Susanne
(Thunbergia alata)

Haben die Schlinger einmal Fuß gefasst und es ist draußen schön warm, sind sie in ihrem Wachstum kaum noch zu bremsen.

Wuchs: Schlingend, bis zu 2 m hoch.

Blüte: Trichterförmig, weit geöffnet, orange, hellgelb oder weiß, typisches schwarzes Auge in der Blütenmitte, ab Mai/Juni.

Standort: Sonnig bis wechselsonnig, warm, windgeschützt.

Pflege: Kletterhilfe mit rauer Oberfläche, damit die schlingenden Triebspitzen genügend Halt bekommen; regelmäßig gießen, Staunässe vermeiden; wöchentlich düngen.

Extra-Tipp: In den letzten Jahren hat der Orange Glockenwein *(T. gregorii)* das Sortiment der Schwarzäugigen Susanne bereichert. Diese Art besitzt sehr große, flattrig wirkende, orangefarbene Blüten mit auffälligen Knospen, denen die schwarze Blütenmitte fehlt. Die Art ist starkwüchsig (Höhe bis 3 m) und ideal, um Obelisken und andere Kletterhilfen in einem Kübel zu begrünen.

Kanarische Kresse
(Tropaeolum peregrinum)

Mit den federartig gefransten Blüten bringt dieser Akrobat grazile Leichtigkeit ins Spiel und wirkt sehr natürlich.

Wuchs: Schlingend, bis 4 m lange Triebe.

Blüte: Unregelmäßig, gefranste Blütenblätter, hakenförmiger Sporn, 2–3 cm groß, zitronengelb mit roten Punkten, ab Juli.

Standort: Sonnig bis halbschattig, warm, windgeschützt.

Pflege: Aussaat im April/Mai direkt in die Pflanzgefäße; reichlich gießen; wenn sich die Sprosse strecken, beginnt man die Pflanzen regelmäßig zu düngen, allerdings nur schwach dosiert, sonst bilden sich nur wenige Blüten; Blattläuse sind meist ein Zeichen für einen windigen Standort, stark befallene Blätter und Triebe komplett abschneiden.

Extra-Tipp: Knipsen Sie frühzeitig die Triebspitzen aus, damit sich die Pflanzen reich verzweigen und Sichtschutzwände rasch dicht begrünt werden.

DAS KÜHLE NASS IN EINEM FASS

Sie lieben das Besondere? Dann wird der Miniteich auf dem Balkon ganz nach Ihrem Geschmack sein. Mit den klaren Strukturen von linearen Gräserbüscheln, extravaganten Blattformen tropischer Wasserpflanzen und ungewöhnlichen Blütenschönheiten, die das Wasser lieben, ergeben sich auf dem Balkon ungeahnte Möglichkeiten. Wichtige Voraussetzungen sind ein sonniger Balkon

In wasserdichten, blau glasierten Keramikgefäßen kommen die frischen grünen Rosetten des Wassersalates besonders gut zur Geltung. Hübscher Blickfang ist ein türkisblauer Fisch, der direkt aus dem Wasser zu springen scheint.

und genügend Stellfläche. Bepflanzte Teiche »en miniature« stellen den perfekten Gegenpol zum turbulenten Arbeitsalltag dar, und auch die vorgestellten Beispiele strahlen eine technische Sachlichkeit aus, die beruhigend wirkt. Ähnlich wie in einer Oase wird das Wasser zum zentralen und bestimmenden Element: Das Kleinklima verbessert sich spürbar, denn durch die Verdunstung erhöht sich die Luftfeuchtigkeit – eine wohltuende Wirkung tritt ein.

Wie ein kleine Teichlandschaft wirkt dieses bepflanzte Holzfass. Hinter den kleinen Seerosen schiebt sich ein niedriger Rohrkoben in die Höhe. Daneben entfaltet das Hechtkraut seine blauen Blütenkolben.

Teichschönheiten auf dem Balkon

Schwach wachsende Seerosen *(Nymphea)* für geringe Wassertiefen eignen sich zur Bepflanzung von Miniteichen ebenso wie

kleine Rohrkolbenarten *(Typha)*, Sumpfschwertlilie *(Iris pseudacorus)* und die verschiedensten Schwimmpflanzen, etwa Wassersalat *(Pistia stratiotes)* und Wasserhyazinthe *(Eichhornia crassipes)*. Mit ihnen entstehen kleine Wasserlandschaften, zu denen sich Schalen mit Etagenprimeln *(Primula × bullesiana)* und Pfennigkraut *(Lysimachia nummularia)* gesellen lassen. Schon bald locken die Blüten Libellen an, die mit ihren schillernden Flügeln Balkon und Balkonbesitzer verzaubern.

Die passenden Gefäße

Ob Zinkwanne, Holzfass, Schale oder Eimer – sie alle bieten dem kleinen Wassergarten geeigneten Lebensraum. Grundsätzlich ist zu berücksichtigen, dass die Gefäße vollkommen wasserdicht sein müssen und eine Mindesthöhe von 20–30 cm besitzen sollten, damit sich die Wasserpflanzen gut entfalten können und sich das feuchte Nass in der Sommersonne nicht zu stark erwärmt. Wichtig ist auch das Fassungsvermögen, denn je mehr Wasser in das Gefäß passt, umso schwerer wird es. Bei der Verwendung großer oder mehrerer Wassertröge muss deshalb zum einen die Statik des Balkons geprüft werden, zum anderen ist zu überlegen, wie mobil man mit den kleinen Wasserbecken bleiben möchte.

Pflanzung und Pflege

Ab Mai beginnt im Fachhandel der Verkauf von Wasserpflanzen, der Florist hat die tropischen Arten mitunter auch schon einige

Schöne Balkone zum Nachpflanzen

(Bild siehe Seite 104)

① Surfinia-Petunie, blau/pink *(Petunia)*
② Wasser-Schwertlilie *(Iris pseudacorus)*
③ Gestreifter Kalmus *(Acorus calamus)*
④ Hechtkraut *(Pontederia cordata)*
⑤ Seerose, weiß *(Nymphaea* 'Moorei')
⑥ Gemeine Sumpfsimse *(Eleocharis palustris)*
⑦ Wassernabel *(Hydrocotyle vulgaris)*
⑧ Flatterbinse *(Juncus effusus)*

Wochen früher im Sortiment. Beim Einkauf am besten gleich Gitterkörbe und Teichpflanzenerde besorgen; wenn Sie ausschließlich Schwimmpflanzen verwenden, erübrigt sich dies natürlich. Vor dem Bepflanzen die Gefäße reinigen und einen Behälter mit abgestandenem Regenwasser bereit stellen. Schließlich sollte das Wasser so nährstoffarm wie möglich sein, damit sich die Algenbildung in Grenzen hält.

Für eine Gestaltung mit Schwimmpflanzen füllen Sie das Gefäß mit Wasser und setzen die Pflanzen ein. Haben die Wasserpflanzen dagegen Wurzeln, pflanzt man sie in mit Teicherde gefüllte Gitterkörbe. Diese werden in entsprechender Pflanztiefe im Miniteich platziert. So stellt man die Körbe für Sumpfpflanzen auf umgedrehte Blumentöpfe, damit sie flacher im Wasser stehen. Seerosen, Hechtkraut und andere Wasserpflanzen sind dagegen für eine größere Wassertiefe dankbar, stehen also am besten auf dem Boden. Nun wird langsam Wasser aufgefüllt. Flache Gefäße lassen sich mit großen Kieselsteinen auffüllen und hübsch gestalten.

Zur Pflege gehört unter anderem das regelmäßige Abschöpfen von Algen. Sie entstehen dadurch, dass zu viele Nährstoffe im erwärmten Wasser vorhanden sind. Deshalb sollten keine abgestorbenen Pflanzenteile im Wasser verbleiben. Im Sommer steigt die Verdunstung stark an, so dass regelmäßig Wasser nachgegossen werden muss. Ein kleiner Sprudelstein oder ein Wasserspiel sind nicht nur dekoratives Bei-

werk, sondern auch gelungene Mittel, um das Wasser mit Sauerstoff anzureichern und somit das kleine Ökosystem intakt zu halten.

Lilablaue Blüten der Japanischen Sumpfschwertlilie und zartes Sumpfhelmkraut sind ein hübsches Bild. Die Iris wächst am liebsten in humosem Substrat mit niedrigem pH-Wert.

Ein Trio aus verschieden hohen Schalen gruppiert sich zum Wassergarten. Lila Etagenprimeln schmücken sich im Sommer mit zarten Blütenständen.

KÖSTLICH UND SEHR DEKORATIV

Naschen ist erlaubt, wenn in der Blumenampel Tomaten reifen und aus dem Taschentopf die Erdbeeren verführerisch rot leuchten. Nutzpflanzen erobern mehr und mehr die Balkonkästen und Töpfe, schließlich schmeckt das selbst Geerntete unvergleichlich gut. Die Arten müssen so gewählt sein, dass sie mit dem relativ geringen Wurzelraum auskommen und sich auch optisch in das Ambiente auf dem Balkon einfügen. Deshalb haben die Züchter nicht nur auf guten Geschmack geachtet, sondern auch auf buschigen Wuchs bei Tomaten oder auf Apfelsorten, die problemlos im Kübel wachsen. Dass Gemüse, Obst und Kräuter nicht nur nützlich, sondern auch attraktiv sind, beweist ihre Beliebtheit. So hat sich der fast schon in Vergessenheit geratene rotstielige Mangold einen guten Namen als Blattschmuckpflanze gemacht.

Das süße Aroma von Erdbeeren ist der Inbegriff des Sommers. Es gibt nichts Schöneres, als reife Früchte direkt vom Balkon zu ernten. Und das oft – je nach Sorte – bis in den Spätsommer hinein.

Oben: Pflücksalat kann man den ganzen Sommer ernten.

Der Küchengarten auf dem Balkon

Rechts: Die buschige Balkontomate ist mit verschiedenen Kräutern unterpflanzt. Petersilie, die Salbei-Sorte 'Icterina' mit ihrem gelbgrünen Laub und Basilikum bilden am Fuß der Pflanze einen dichten, grünen Kragen.

Zwischen rot blühenden Hängeverbenen (*Verbena*) und Feuersalbei (*Salvia splendens*) leuchten die roten Stiele des Mangold. Das Trio wirkt richtig peppig. Aber damit nicht genug! Das dem Spinat ähnliche Gemüse ist bestens geeignet für den Kochtopf und ergänzt jeden Speiseplan.

So eine kleine Vorratskammer auf dem Balkon macht Spaß, und die meisten Gemüsesorten gedeihen problemlos. Die Saison beginnt bereits vor dem Sommer: Ab März kann man in Kästen Radieschen und leckere Eiszapfen-Rettiche säen und bereits vier bis sechs Wochen später als knackig frisches Gemüse genießen. Für die kurze Kultur reicht der Nährstoffvorrat in der Erde aus, düngen ist meist nicht nötig. Der Vorrat versiegt so schnell nicht, wenn Sie jede Woche ein paar Samenkörner nachlegen.

Oder Sie wechseln zu Salatvariationen. Gerade für den Singlehaushalt bietet es sich an, Pflücksalate auf dem Balkon anzubauen. Man kann die Pflanzen selber aussäen,

Schöne Balkone zum Nachpflanzen

(Bild siehe Seite 108)

① Mangold (*Beta vulgaris*)
② Paprika, verschiedene Sorten (*Capsicum*)
③ Tomate (*Lycopersicon*)
④ Rotkohl (*Brassica*)
⑤ Eisenkraut (*Verbena*)
⑥ Ziertabak (*Nicotiana*)

bekommt aber auch auf dem Markt für wenige Cent die Setzlinge von Lollo Rosso, Eichblattsalat und Lollo Bionda. Diese werden in einen Kasten mit frischer Erde gepflanzt. Wichtig sind ausreichende Abstände von mindestens 15 Zentimetern. In der Regel geht die Entwicklung nun zügig voran. Sind die Blattrosetten kräftiger geworden, ist es Zeit, die äußeren Blätter zu ernten. Salate brauchen nur wenige Nährstoffe und müssen lediglich regelmäßig gedüngt werden. Und mancher Gartenbesitzer wird neidisch gucken: Ausfälle durch Schneckenfraß sind für das Salatbeet am Balkongeländer keine Gefahr.

Äpfel aus dem Paradies

Der Renner unter den Gemüsesorten für den Balkon sind zweifelsohne Tomaten. Die Begeisterung für das buschige Nachtschattengewächs hat auch die Züchter ergriffen. Ihnen verdanken wir eine ganze Reihe verschiedenster Sorten. Sie heißen

'Balkonstar', 'Minibel', 'Yellow Pear' und 'Goldene Königin'. Mal zeichnen sie sich durch einen niedrigen, kompakten Wuchs aus, mal tragen sie gelbe Früchte und so manche Sorte lässt die Früchtchen am liebsten in einem Ampelgefäß reifen.

Für die Aussaat auf der Fensterbank fällt der Startschuss bereits im Februar. Ein heller, warmer Platz ist ebenso wichtig wie eine allmähliche Abhärtung der Pflanzen. Allerdings ist die Mühe nicht unbedingt notwendig. In Gärntereien und auf dem Markt wird die ganze Palette von Flaschen- bis Cocktailtomaten als Setzlinge pünktlich zu den Eisheiligen angeboten. Hochwertige Blumenerde hilft dem Erfolg ebenso auf die Sprünge wie Tomatendünger. Das Gemüse zählt zu den Starkzehrern und braucht viele Nährstoffe. Während man bei herkömmlichen Sorten die Seitentriebe im Laufe des Sommers immer wieder ausgeizen muss, kann man bei den meisten

Während hohe Sonnenblumen und üppige Maispflanzen den Sitzplatz malerisch einrahmen, verleiten Tomaten und Paprika dazu, sie frisch vom Strauch zu pflücken. Mangold bildet im Kasten den Blickfang. Seine roten Stiele werden von Petunien und Duftsteinrich umspielt.

Rottöne setzen auf diesem Balkon starke Akzente. Als lukullische Gaumenfreuden wachsen Mangold und Basilikum im Vordergrund, im Kasten Currykraut und Salbei. Ein Arrangement aus Tomaten, Paprika und Gurken schmückt den Tisch.

Balkonsorten darauf verzichten. Nur auf einen kräftigen Bambusstab als Stütze sollten Sie nicht verzichten. Wenn es etwas wärmer ist, werden die Töpfe mit Basilikum unterpflanzt. Das würzige Kraut passt nicht nur in der Küche zu den Tomaten, sondern auch im Garten. Auch andere Kräuter wie Thymian, Salbei oder Majoran bieten sich an.

Herzhafte Gaumenfreuden

Zu den Paradiesäpfeln gesellen sich die verschiedensten Gemüsesorten. Auberginen, Paprika, Gurken und Zucchini versprechen einen abwechslungsreichen Spei-

seplan. Bei allen ist ein sonniger Standort ebenso wichtig wie gleichmäßig feuchte Erde. Trockenheit führt gerade bei Zucchini und Gurken zu bitterem Geschmack.

Mit Kindern wird der Gemüsegarten auf Balkonien zur besonderen Entdeckung. Kugelig wachsende Karotten, wie die Sorte 'Pariser Markt', Fenchel und Zuckermais wachsen in Töpfen und Kübeln. Bei Artischocken kostet die Ernte der knospigen Blüten fast schon Überwindung, denn in ihrem lilablauen Blütengewand sind sie ein echter Hingucker. Kletternde Bohnen und Erbsen machen sich sogar noch als Sichtschutzpflanzen nützlich.

Köstliches Gemüse für Balkonkästen und Kübel

Deutscher Name	Aussaat	Ernte	Pflegetipps
Aubergine	März – April	August – September	wärmeliebend, Anzucht auf der Fensterbank, regelmäßig gießen
Buschbohne	Mai – Juli	Juli – September	sehr dichte, kompakte Büsche, regelmäßig gießen
Kopf-, Pflücksalat	März – August	Mai – Oktober	rotlaubiger Salat wird seltener von Läusen befallen
Mangold	April	Juli – Oktober	Direktsaat, immer nur die äußeren Blätter ernten
Paprika	Februar – März	Juli – September	wärmeliebend, Anzucht auf der Fensterbank, regelmäßig gießen
Radieschen	März – September	April – Oktober	das erste Gemüse, das im Frühjahr reift, lockeres Substrat
Tomate	März – April	Juli – Oktober	sehr viele Sorten mit verschiedenen Früchten und Wuchsformen
Zucchini	April – Mai	Juli – September	reichlich gießen, junge Früchte sind besonders zart
Zuckererbse	April – Mai	Juni – August	Kletterhilfe erforderlich, die maigrünen Schoten ernten

Oben links: Verschiedene Pflücksalate gedeihen dicht nebeneinander im Balkonkasten. Bei warmem Wetter kann man hier schon mal zur Salatparty einladen.

Oben rechts: Manche Tomatensorte, wie hier 'Tumbler', wächst in der Ampel gut, die dicht mit Früchten besetzten Triebe lassen sich von der Sonne verwöhnen. Ideal ist ein Gefäß mit Wasserreservoir, denn die Pflanzen haben viel Durst.

Unten links: Kletterbohnen bilden innerhalb weniger Wochen einen guten Sichtschutz. Entsprechend ihrer üppigen Blattmasse brauchen sie viel Wasser. Ideal ist eine automatische Bewässerung.

Unten rechts: Zierpaprika bleibt relativ klein. Sorten wie 'Red Skin' (Mitte) und 'Lombardo' setzen gestalterisch hübsche Akzente. Und: Die kleinen Schoten haben es in sich.

Oben links: Erdbeeren reifen im Balkonkasten besonders gut. Die Früchte hängen locker herab und bleiben im Vergleich zu Früchten aus dem Beet sauber.

Oben rechts: 'Jenny' heisst diese Kiwi-Sorte. Sie zeichnet sich dadurch aus, dass sie einhäusig ist, also männliche und weibliche Blüten an einer Pflanze wachsen. Die kletternden Kiwipflanzen finden an einem kräftigen Spalier Halt.

Unten links: Die Säulen der Ballerina-Apfel fügen sich schlank in jede Balkonsituation ein und liefern zahlreiche knackig frische Früchte. Es gibt verschiedene Sorten, z. B. 'Polka', 'Bolero' und 'Flamenco'

Unten rechts: Ein fruchtiges Paar bilden das Johannisbeerhochstämmchen mit den Erdbeeren. Sie werden jedes zweite Jahr ausgetauscht und die Krone der Johannisbeere wird nach der Ernte zurückgeschnitten.

Leckeres Naschobst, das im Topf gedeiht

Name	Blüte	Erntezeit	Besonderheiten
Andenbeere	gelbweiß, Juni/Juli	September	einjährig, kann aus Samen gezogen werden, buschiger Wuchs
Apfel	rosaweiß, April	August – Okt.	als Spalier, Ballerina, verschiedene Sorten an einer Pflanze möglich
Birne	weiß, April	August – Okt.	als Spalier, wärmeliebend, nicht für extrem kalte Winterlagen
Erdbeere	weiß, Mai-Oktober	Juni–Oktober	Ampelpflanzen, Sortenwahl: Dauerblüher; im 2. Jahr neu pflanzen
Heidelbeere	weiß-rosa, Mai	August	Büsche, für Halbschatten, Substrat für Moorbeetpflanzen
Himbeere	weiß, Mai-Juni	August-Sept.	an Drähten ziehen, spät fruchtende Sorten wenig anfällig
Johannisbeere	grün-gelb, April/Mai	Juli	verschiedene Wuchsformen, rot- und weiß fruchtende bevorzugen
Kiwi	weiß, Juni/Juli	Oktober-November	wüchsige Kletterpflanzen, männliche und weibliche Pflanze
Pfirsich	rosa, März/April	Juli-August	als Spalierbaum, Blüte muss vor Spätfrösten geschützt werden
Wein	unscheinbar, Mai	September/Okt.	Kletterpflanze, auch als Hochstamm mit Schirmkrone

Fruchtig frisch

Wer süße Genüsse vorzieht, wird Obst pflanzen. Problemlos gedeihen Erdbeeren in Töpfen und Ampeln. Beim Kauf muss man nur darauf achten, dass man eine Sorte bekommt, die lange fruchtet. Platzprobleme gibt es mit Erdbeeren selten, denn im Zweifelsfall setzt man sie in eine Ampel. Wie im Paradies wachsen einem die Früchte im Sommer in den Mund. Gourmetgärtner unterpflanzen ihre Kübelpflanzen mit den kleinfrüchtigen Walderdbeeren, die im Aroma unübertroffen sind.

Wer experimentierfreudig ist, probiert Birnenmelonen, auch Pepino genannt, Andenbeeren oder Honigmelonen als Balkonpflanzen aus. In einem großen Gefäß auf dem halbschattigen Balkon kommt sogar der Rhabarber ganz groß raus.

Die Hitliste wird von Apfel, Kirsche, Pfirsich und Johannisbeere angeführt, diese Gehölze verleihen der Balkongestaltung eine dauerhafte Struktur. Beim Einkauf gilt es, nicht nur auf eine schmackhafte Sorte zu achten, sondern auch auf einen klein bleibenden Wuchs. Rote Johannisbeeren sind in der Regel gesund und wüchsig und machen auch als Hochstamm eine gute Figur. Stein- und Kernobst sollte eine schwach wachsende Unterlage haben. Ideal sind Spalierbäumchen, die ihre fächer- oder U-förmig gezogenen Triebe Platz sparend mit Blüten und Früchten schmücken. Bei den Äpfeln haben sich die säulenförmigen 'Ballerina'-Sorten einen Namen gemacht.

Obstgehölze richtig pflegen

Verwenden Sie zum Einpflanzen der Gehölze eine strukturstabiles Kübelpflanzensubstrat, um jährliches Umtopfen zu vermeiden. Außerdem muss durch eine Dränageschicht für guten Wasserabzug gesorgt werden. Regelmäßige Düngergaben fördern das gesunde Wachstum. Allerdings sollte man ab Ende Juli keine Nährstoffe mehr geben, damit das Holz ausreifen kann und ausreichend frosthart ist. Ende November werden die Gefäße zusammengerückt und, wie auf Seite 159 ausführlich beschrieben, geschützt. Zuvor die Gehölze wieder in Form bringen. Johannisbeeren werden nach der Ernte zurückgeschnitten.

Rote Johannisbeeren und Erdbeeren leuchten verlockend. Doch die blitzenden Augen der Katze vertreibt alle zwitschernden Gourmets, die sich über die Ernte hermachen wollen. So bleibt auch bis zum Feierabend noch genügend hängend.

Auf der filigranen Etagere aus Draht steht ein kleiner Kräutergarten. In Töpfen wachsen Rosmarin, Currykraut, Thymian und der Ziersalbei 'Icterina', kleine Lavendelsträuße verstärken das südländische Ambiente.

Das Aroma frischer Kräuter

In der Küche zeigt sich immer wieder, dass frisch geerntete Kräuter das i-Tüpfelchen eines Gerichtes sind. In der Balkongestaltung verhält sich das ganz ähnlich. Schließlich sind viele Pflanzen mit aromatischem Laub zugleich dekorative Blattschmuckstauden. Der Küchensalbei (*Salvia officinalis*) schmückt selbst die Herbstbepflanzung noch mit seinen verschiedenen Sorten. Gelbgrüne und goldgerandete Blätter des Oregano (*Origanum vulgare*) zeichnen die Zierformen aus. Mit dem feinen Duft, den die Kräuter in der sommerlichen Wärme entfalten, entsteht ein sinnliches Vergnügen, das die Sinne wohltuend anregt.

Die Kräuter der mediterranen Küche lieben Wärme und Sonne. Basilikum (*Ocimum basilicum*), Rosmarin (*Rosmarinus officinalis*), Salbei (*Salvia*) und Thymian (*Thymus vulgaris*) müssen regelmäßig gegossen werden.

Die Düngung sollte sparsam dosiert sein, nur wer wirklich viel erntet, darf die Gaben etwas erhöhen. Damit die Halbsträucher unter den Kräutern kompakt bleiben und nicht von unten verkahlen, schneidet man immer wieder bis ins Holz hinein. Allerdings nur in der ersten Sommerhälfte, anschließend sollten Sie nur noch Spitzen ernten, damit das Wachstum nicht mehr allzu stark angeregt wird.

So ein mobiles Kräutergärtlein lässt sich hübsch gestalten. Die Lieblingskräuter passen zusammen in einen Korb oder man stellt sie auf eine Blumentreppe vor die sonnige Balkonwand. Die Kräuter der Mittelmeerküche haben recht ähnliche Ansprüche und ergänzen sich durch die unterschiedlichen Wuchsformen sehr gut. So kann man sie auch in einer Ampel zusammenpflanzen.

Essbare Blüten

Eine ganze Reihe von Kräutern schmückt sich mit dekorativen Blüten. Kapuzinerkresse (*Tropaeolum*), Borretsch (*Borago officinalis*) und Schnittlauch (*Allium schoenoprasum*) liefern damit eine ganz besondere Bereicherung für die Küche. Schließlich sehen die blauen Borretschblüten und die großen orangefarbenen Blütenblätter der Kapuzinerkresse mit angenehm würzigem Geschmack auch im Salat oder auf der Suppe malerisch aus. Weitere Farbtupfer liefern Ringelblumen (*Calendula*). Ihre orangefarbenen oder gelben Blüten schmücken Speisen pfiffig.

Die frische Würze auf dem Balkon ernten

Deutscher Name	Anzucht	Ernte	Pflegetipps
Schnittlauch (Allium)	Aussaat, Teilung	Blätter, Blüten	mehrjährig, sollte alle zwei Jahre durch Teilung verjüngt werden
Dill (Anethum graveolens)	Aussaat	junge Blätter	einjährig, für lockere, humose Substrate, dekorative Blütendolden
Kerbel (Anthriscus cerefolium)	Aussaat	junge Blätter	einjährig, feines Laub, hübsche weiße Blüten, 20 cm hoch
Borretsch (Borago officinalis)	Aussaat	Blätter, Blüten	einjährig, die wasserblauen Blüten zieren Suppen und Salate
Basilikum (Ocimum basilicum)	Aussaat	Blätter	Lichtkeimer, einjährig, für geschützte, warme Plätze
Rosmarin (Rosmarinus officinalis)	Stecklinge, Aussaat	junge Triebe	Halbstrauch, blüht im zeitigen Frühjahr, geschützt überwintern
Salbei (Salvia officinalis)	Stecklinge	Blätter	Halbstrauch, geschützt überwintern, nur mäßig düngen
Thymian (Thymus vulgaris)	Teilung, Stecklinge	junge Triebe	Halbstrauch, verträgt kräftigen Rückschnitt, hübscher Lückenfüller
Kapuzinerkresse (Tropaeolum)	Aussaat	Blüten	einjährig, die orangegelben bis roten Blüten schmecken scharf

Oben links: Kräuter sind dekorative Blattschmuckpflanzen. Currykraut, verschiedene Salbeiformen und Petersilie schmücken den roten Kasten dezent, aber abwechslungsreich.

Oben rechts: Basilikum kann man aus Samen selber ziehen. Verlockend sind die verschiedenen Sorten mit dunkelroten Blättern oder winzigem Laub und auch solche mit zitronigem Aroma.

Unten links: Borretsch wird auch Gurkenkraut genannt. Der Geschmack der Blätter passt besonders gut zu Gurkengerichten. Seine blauen Blüten setzen als Dekoration einen hübschen Akzent.

Unten rechts: In einem Korb wachsen mediterrane Kräuter miteinander: In der Mitte gelblaubiger Oregano, rechts daneben Salbei, vorne links Thymian, und neben dem Hornveilchen blüht ein Lavendel.

HERBST

BLÄTTER, BEEREN, BLÜTEN

Die Saison klingt aus, die sommerlichen Balkonpflanzen haben sich verausgabt, und kühle Nächte drosseln die Blühfreudigkeit. So wird es Anfang September Zeit für einen Tapetenwechsel auf dem Balkon, der bis zur Adventszeit für ein Fest der Farben sorgt. Schließlich gibt es häufig noch im Oktober warme Tage, an denen man gerne im Freien sitzt. Drei Farbstimmungen erobern zu dieser

Jahreszeit das Wohnzimmer unter freiem Himmel: Die zarten Rosatöne des Altweibersommers legen sich wie ein lieblicher Schleier über den Balkon, Farben des Feuers unterstreichen das Farbenspiel des herbstlichen Laubes und der Balkon stimmt sich mit gelben Blüten und Früchten leuchtend auf den »Goldenen Oktober« ein. Der Glanz von warmen Farben verstärkt die letzten Sonnenstrahlen und bringt Sonne in trübe Tage.

Herbstzeit – Kürbiszeit! Fröhliche Gesichter und gruselige Fratzen lassen sich in die Fruchthülle schneiden und lachen – mit einem Teelicht in ihrem Inneren – jeden Abend vom Balkon aus in das Wohnzimmer.

(Calluna vulgaris) und Heide (Erica) die Kübel und Kästen des Balkongartens, sondern auch Gehölze, Stauden, Gräser und einige wenige Zwiebelblumen. Die Auswahl der Arten wird durch ihre herbstliche Schönheit bestimmt. Herbstfärbung, Früchte und späte Blüten unterstützen das Fest der Farben.

Farben des Indian Summer

Wenn in Nordamerika die Tage kürzer und die Nächte kälter werden, entsteht in den Wäldern ein einzigartiges Naturschauspiel. Das Blattwerk der Waldbäume verfärbt sich fast über Nacht von dunklem Grün zu strahlendem Rot, Orange und Gelb. Die Farben sind sehr rein und fast unwirklich klar. Wählt man die richtigen Arten und Sorten von Gehölzen und Stauden aus, kann man sich diese Pracht auch auf den eigenen Balkon holen. Schwach wachsender Fächerahorn (Acer palmatum), Felsenbirne (Amelanchier) und Wilder Wein (Parthenocissus) lassen ihre Blätter wundervoll leuchten. Die großen Bergenienblätter (Bergenia-Hybride) erröten von den Rändern her. Wenn man dazu im Fachhandel noch Japanische Lavendelheide (Pieris japonica) mit frischem Austrieb bekommt, kommen die feurigen Rottöne noch mehr zum Leuchten.

Weil der Indian Summer an strahlenden Sonnentagen am schönsten ist, dürfen Sonnenblumen (Helianthus annuus) nicht fehlen. Sie setzen mit ihren großen Gesichtern malerische Blickpunkte zwischen

Mit dem Fruchtschmuck von Scheinmispel und Zierpfeffer, den Blüten von Alpenveilchen und Stiefmütterchen sowie dem Blattschmuck von Segge und Efeu klingt die Saison auf dem Balkon aus.

Herbstzauber macht sich breit

Im Herbst erobern nicht nur einjährig gezogene Pflanzen wie Winterastern (Chrysanthemum × grandiflorum), Besenheide

Schöne Balkone zum Nachpflanzen

(Bild siehe Seite 120)

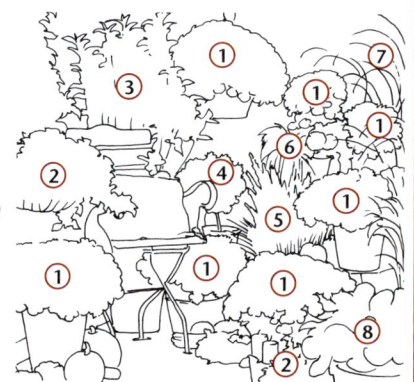

① Winterastern, verschiedene Sorten (Aster)
② Efeu (Hedera helix)
③ Stranvesie (Photinia)
④ Buchsbaum, Hochstämmchen (Buxus)
⑤ Federborstengras (Pennisetum)
⑥ Buntsegge (Carex)
⑦ Chinaschilf (Miscanthus sinensis)
⑧ Bergenie (Bergenia)

die Sträucher. Viele blühende Pflanzen hält der Fachhandel in den Herbstwochen bereit: Sonnenhut *(Rudbeckia hirta)* ist so ein blütenreicher, robuster Herbstblüher. Und wer Sonnenblumen *(Helianthus)* für die Herbstblüte aus Samen selber anziehen will, sät sie möglichst nicht vor Mai aus. Am besten stellen Sie die Töpfe mit den Samen gleich an einen hellen Platz auf dem Balkon. Ideal hierfür sind die standfesten, niedrigen Sorten, denn sie trotzen den kräftigen Herbststürmen am besten. Wer den Zeitpunkt verpasst hat und keine Sonnenblumen im Topf mehr erhält, arrangiert Schnittblumen in ein standfestes Gefäß. Sind die Sonnenblumen verblüht, werden sie einfach durch frische ersetzt.

Die Schönheit der Gräser

Im Herbst haben sich die Gräser zu ihrer ganzen Pracht entwickelt, ihre Blütenähren erheben sich aus sprühenden Blatthorsten. Zum Teil verfärben sie ihre Blätter. Gräser tragen meist ein gelbes oder leuchtend beigebraunes Herbstkleid. Gut

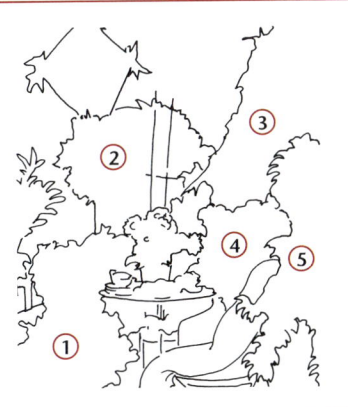

Schöne Balkone zum Nachpflanzen

(Bild oben)

① Berberitze *(Berberis thunbergii)*
② Brombeere *(Rubus fruticans)*
③ Zwergmispel *(Cotoneaster)*
④ Pfaffenhütchen *(Euonymus europaens)*
⑤ Zierapfel *(Malus-Hybride)*

für eine gemischte Pflanzung in Kübeln eignet sich das Federborstengras *(Pennisetum alopecuroides)*, dessen Horste etwa einen halben Meter hoch werden. Seine Blütenstände erinnern an Flaschenbürsten und sind sehr auffällig. Für den Balkonkasten ideal sind dagegen die immergrünen

Zwischen verschiedenen Gräsern leuchten die Früchte der Lampionblume und des Korallenstrauches in herbstlichen Farben. Die Farben Gelb bis Rot übernehmen auch die orangefarbenen Stiefmütterchen – ein hübsches Farbenspiel!

Kerzen und Lichterketten verleihen dem mit Erika und Winteraster, Skimmia und Besenheide geschmückten Balkon eine romantische Abendstimmung.

Früchte sind Symbole des Herbstes und ersetzen mit ihrer Farbe so manche Blüte. Auch hinsichtlich der Leuchtkraft stehen sie dem Blütenflor um nichts nach. Deshalb dürfen kleine Berberitzensträucher (Berberis thunbergii) mit korallenroten Früchten, Zwergmispeln (Cotoneaster) und Zieräpfel (Malus) auf dem Balkon nicht fehlen. Ähnlich wie das Pfaffenhütchen (Euonymus) eignen sich die genannten Arten besonders gut für die Bepflanzung von Kübeln. Torfmyrten (Gaultheria mucronata) mit rosafarbenen oder weißen Beeren, Rote Teppichbeeren (Gaultheria procumbens) und Skimmien (Skimmia) sind die richtigen Pflanzen für den Balkonkasten.

Kürbisse sollten auf keinem Herbstbalkon fehlen, kann man mit ihnen doch ganz pflegeleicht kräftige Halloween-Akzente setzen. Die großen Früchte zeigen eine ungeahnte Formenvielfalt: Schon von Weitem leuchten die gelborangen Klassiker, aus denen man gruselige und dekorative Windlichter schnitzen kann. Und während sich Turbankürbisse mit ihren bizarren Farbstellungen und Formen in den Vordergrund spielen, versprühen die kleinen Zierkürbisse viele Wochen lang als Tischdekoration in einer Schale ihren Charme. Terrakottabraune, tief gefurchte Muskatkürbisse geben dem Topfgarten auf der Etagere Fülle, während die blaugrau bereiften Hokkaido-Kürbisse aus Japan das Farbenspiel von silberlaubigem Ziersalbei (Salvia officinalis) unterstreichen. Wenn der Herbst allmählich zu Ende geht, kann man nach und nach die schmackhaften Früchte

Seggen (Carex) und Schwingel (Festuca). Ihr dekorativer Wert beruht auf den linearen Blattstrukturen, einem filigranen Wuchs und der hübschen Blattfärbung. Zarte, cremig gelbe Ränder, etwa bei Carex elata 'Bowles Golden', Carex hachijoensis 'Evergold' und dem Japanischen Waldgras (Hakenochloa macra 'Aureola') betonen das herbstliche Flair.

Die Früchte der Saison

Im Herbst schmücken Hagebutten, Vogelbeeren und Kornelkirschen die Gehölze.

zu Suppen, Pies und Ofengerichten verarbeiten. Damit der Kürbis nicht vorzeitig fault, sollten Sie beim Arrangieren darauf achten, dass er auf etwas Stroh gebettet wird, damit sich keine Feuchtigkeit auf der Unterseite sammelt. Am besten wischt man die Unterseite einmal in der Woche mit einem Lappen trocken. Zwischen bronzefarbenen Winterastern (*Chrysanthemum × grandiflorum*) leuchtet jeder Kürbis auch ohne Kerzenlicht.

Sanft wie die Nebelschleier

Wenn in der Morgensonne die Tautropfen wie Perlen funkeln und das Wunderwerk der Spinnennetze sichtbar wird, sind dies untrügliche Zeichen dafür, dass der Altweibersommer angebrochen ist. Nebelschleier ziehen durch das Land, und alle Farben

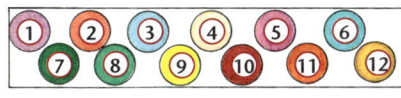

Schöne Balkonkästen zum Nachpflanzen

(Bild oben)

① Besenheide (*Calluna vulgaris*)
② Zierpfeffer (*Capsicum annuum*)
③ Currykraut (*Helichrysum italicum*)
④ Silberrand-Chrysantheme (*Ajania pacifica* 'Silver 'n Gold')
⑤ Erika (*Erica gracilis*)
⑥ Wolfsmilch (*Euphorbia amygdaloides* 'Efanthia')

⑦ Scheinbeere (*Gaultheria procumbens*)
⑧ Efeu (*Hedera helix* 'Glacier')
⑨ Hornveilchen (*Viola cornuta*)
⑩ Skimmie (*Skimmia japonica*)
⑪ Bronzesegge (*Carex petriei* 'Bronze Form')
⑫ Goldpfennigkraut (*Lysimachia nummularia* 'Goldilocks')

wirken gedämpft. Will man diese Stimmung auf dem Balkon nachahmen, empfiehlt sich vor allem das Spektrum der Pastellfarben, wobei sich hier besonders die Rosatöne mit einer breiten Auswahl hervortun.

Heidekraut (*Calluna*) in unterschiedlichem Rosa bildet kugelige Büsche und eignet sich von den Proportionen her gut für Balkonkästen. Dazwischen passen niedrige, buschige Winterastern (*Chrysanthemum*

Zwischen rosa Winterastern arrangiert sich der Blattschmuck von Heiligenkraut, Wolfsmilch, Pfennigkraut und Seggen. Pfiffig sitzen zwei rotschalige Äpfel auf einem Moosbett in farblich abgestimmten Tüten.

grandiflorum). Vielfältig sind auch die Herbstastern (Aster). Dabei lassen sich Kissenastern (Aster dumosus) gut zur Kastenbepflanzung verwenden, die höheren Glattblatt- und Raublattastern (A. ericoides) sowie die kleinblumigen Myrtenastern (A. novi-belgii, A. novae-angliae) eignen sich besser zur Bepflanzung von Kübeln. Sie alle gibt es auch in feinen Pastelltönen zwischen Lila und Violett, die sich malerisch mit immergrüner Strauchveronika (Hebe-Andersonii-Hybriden) ergänzen. Als wahrer Dauerblüher auf dem Herbstbalkon hat sich das winterharte Blumensedum (Sedum telephium) erwiesen, welches mit dickfleischigen Blättern eine gute Figur abgibt. Die tellerförmigen Blütenstände zeigen ab Ende August Farbe und sind erst im späten Herbst wirklich verblüht.

Wer das Außergewöhnliche für den Herbst sucht, trifft nach dem Sommerurlaub einige Vorbereitungen, denn im August werden im Fachhandel die Zwiebeln von Herbstzeitlose (Colchicum autumnale, C. speciosum) und herbstblühenden Krokussen (Crocus), etwa dem Safran-Krokus (C. sativus), angeboten. Die Zwiebeln werden in Töpfe gelegt, mit Erde bedeckt und regelmäßig gegossen. Beginnt man im September mit der Herbstbepflanzung des Balkons, lassen sich die Töpfe, aus denen bereits erste Sprosse hervorlugen, problemlos in die Gestaltung einplanen. Die fliederfarbenen und helllila Blütenkelche der herbstlichen Zwiebelblumen wirken zart und erinnern bereits ein wenig an den nächsten Frühling.

① Spanisches Gänseblümchen (Erigeron karvinskianus)
② Knospenblühende Besenheide (Calluna vulgaris 'Marleen')
③ Silberrand-Chrysantheme (Ajania pacifica)
④ Wolfsmilch (Euphorbia amygdaloides)
⑤ Hornveilchen (Viola cornuta)
⑥ Erika (Erica carnea)
⑦ Buntsegge (Carex hachijoensis)

① Blumensedum (Sedum 'Herbstfreude')
② Segge (Carex petriei 'Bronze Form')
③ Bleiwurz (Ceratostigma plumbaginoides)
④ Winteraster (Chrysanthemum × grandiflorum)
⑤ Ziersalbei (Salvia officinalis 'Icterina')
⑥ Silberglanznessel (Lamiastrum galeobdolon 'Hermann's Pride')
⑦ Goldpfennigkraut (Lysimachia)

Schöne Balkonkästen zum Nachpflanzen

(Bilder oben und unten)

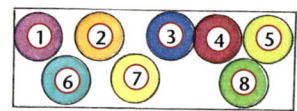

Der zarten Schönheit herbstlicher Blütenwolken verleiht passender Blattschmuck eine noch stärkere Ausdruckskraft. Mit seinen krausen, rosafarbenen oder weißen Blattrosetten schmückt Zierkohl *(Brassica oleracea)* die Lücken zwischen den buschigen Pflanzen. Und bereits rötlich schimmernde Blätter verleihen Stauden mit burgunderroten Blüten noch intensiveren Glanz. So gibt es zum Beispiel Purpurglöckchen *(Heuchera-*Hybriden) in vielen verschiedenen Sorten, die zum Teil eine tiefrote Blattoberfläche besitzen, zum Teil silbrige Marmorierungen aufweisen. Auch bei Günsel *(Ajuga reptans)*, Ziersalbei *(Salvia officinalis)* und Mandelblättriger Wolfsmilch *(Euphorbia amygdaloides)* findet man rotlaubige Formen, die das Farbenspiel ergänzen. Die Sorte 'Matrona' des Blumensedum *(Sedum-*Hybride) ist ein Paradebeispiel für das Farbenspiel mit rosafarbenen Blüten und burgunderrotem Laub. Als silbriger Blattschmuck im Herbst haben sich Schönkopf *(Calocephalus brownii)*, Greiskraut *(Senecio bicolor)*, Silberrand-Chrysantheme *(Ajania pacifica)* und Ziersalbei *(Salvia officinalis)* bewährt.

Farbenfroh und gut gelaunt zeigt sich der Herbst von seiner besten Seite. Rosa leuchten die Herbstzeitlosen, rot funkelt der Korallenstrauch, samtig schimmern Federbusch, Fetthenne und Besenheide. Die Komposition dieser Farbtöne ist charakteristisch für den Herbst.

Bis zum Frühling

Einige der Stauden, die im Herbst angeboten werden, sind bis zum Frühling ansehnlich. Bergenien *(Bergenia-*Hybride) und Günsel *(Ajuga)*, Zitronenthymian *(Thymus × citriodorus)* und Ziersalbei *(Salvia officinalis* in Sorten) schmücken die Gefäße den ganzen Winter mit ihren Blättern. Dazu bieten sich zur Auflockerung immergrüne Seggen *(Carex)* an. Damit die Saison im Frühling blühend beginnt, legt man beim Pflanzen Zwiebeln von Narzissen *(Narcissus-*Hybride), Blausternchen *(Scilla sibirica)* und Traubenhyazinthen *(Muscari armeniacum)* mit in die Gefäße. Sie schieben im März bereits ihre Blütenknospen aus der Erde, zur gleichen Zeit erwachen auch die ersten Stauden aus dem Winterschlaf und beginnen, ihre Blüten zu entfalten.

Als echter »Hingucker« erweist sich das Blumensedum mit seinem flachen, dominanten Blütenteller. Der Bleiwurz bringt leuchtendes Blau in die Komposition, die durch überhängendes Pfennigkraut und die aufrechten Büsche des gelbgrünen Ziersalbei eine ruhige Struktur bekommt.

Erika
(Erica gracilis)

Mit rosaroten und weißen Blütchen schmücken diese kleinen Sträucher bis in die kalten Wintertage.

Wuchs: Buschig verzweigt, aufrechte Triebe, Höhe zwischen 25 und 35 cm.

Blüte: Klein, röhrenförmig, glockig hängend, in Quirlen an den Trieben.

Standort: Sonnig bis schattig, da die Pflanzen blühend angeboten werden.

Pflege: Pflanzung in normale Blumenerde; gleichmäßig feucht halten, unter freiem Himmel reicht meist der natürliche Niederschlag aus.

Extra-Tipp: Die **Winterheide** (*E. carnea*) ist der Erika sehr ähnlich, allerdings liegen die Triebe im unteren Drittel etwas flacher und steigen dann senkrecht nach oben. Höhe: 15–25 cm; mehrjähriges Gehölz. Wer es über mehrere Jahre kultivieren will, sollte einen sonnigen oder halbschattigen Standort wählen. Als Substrat für die mehrjährige Kultur eignet sich Rhododendron-Erde, die mit etwas Sand vermischt wird. Zu häufigen Verwechslungen kommt es zwischen Erika und **Besenheide** (*Calluna vulgaris*). Während die Erika kleine nadelförmige Blätter besitzt, liegt das Laub der Besenheide schuppenförmig an den Trieben. Neben der Blütenfarbe variiert auch die Blattfarbe: Es gibt grünlaubige, goldene und graue Sorten. Die Büsche können mehrjährig kultiviert werden. Eine besondere Form von *Calluna* sind die **Knospenblüher**, deren Knospen sich nicht öffnen, dennoch intensiv farbig und bis in den Winter dekorativ sind.

Bild oben: Knospenblühende Besenheide zusammen mit Herbstzeitlosen; Bild Mitte links: Besenheide in einem Wandkorb; Bild Mitte rechts: Besenheide (*Calluna vulgaris* 'Dark Beauty'); Bild unten links: Zweifarbige Erika; Bild unten rechts: Erica 'Karlson vom Dach'.

FÜR DEN HERBST

Winteraster
(Chrysanthemum × grandiflorum)

Die einjährig gezogene Blütenpflanze bietet dem Balkongärtner im Herbst eine ungeahnte Fülle an Gestaltungsmöglichkeiten.

Wuchs: Ihr natürlicher Wuchs ist straff aufrecht, sie wird 50–80 cm hoch. Das Verkaufsangebot reicht von kleinen bis großen Büschen über kugelige Formen bis hin zu Hochstämmchen. Ebenso variiert die Höhe von knapp 30 cm bis hin zu 1 m.

Blüte: Strahlenförmig in der Grundform mit zahlreichen verschiedenen Formen von gefüllt über anemonen- und pomponblütig bis hin zu großen, spinnenförmigen Blüten, Durchmesser etwa 5–8 cm, in Ausnahmen bis 15 cm; in Weiß, Gelb, Bronze, Rostrot, Burgunderrot, Zartrosa, Altrosa, Violett.

Standort: Sonnig; Saisonware auch für halbschattige und schattige Plätze; bei anhaltend feuchter Witterung sollten die Pflanzen unter ein Dach gestellt werden, da sich sonst in den gefüllten Blüten Wasser sammelt und der Flor rasch unschön wird.

Pflege: Gleichmäßig feucht halten und anfangs regelmäßig düngen, die Pflanzen gehören zu den Starkzehrern; die ersten welken Blüten ausputzen.

Überwinterung: Möglich, bevorzugt an einem geschützten Standort im Garten, wobei der Wurzelballen vor Frost geschützt werden sollte. Die Pflanzen blühen jedoch im nächsten Jahr nur spärlich, und der Aufbau von kompakten Kugeln gelingt dem Laien nicht.

Extra-Tipp: Achten Sie beim Kauf darauf, dass die ersten Blüten voll aufgeblüht sind, so können Sie mit einer über viele Wochen anhaltenden Blütenpracht rechnen.

Mit den vielfältigen Blütenfarben der Winterastern lassen sich unterschiedliche Stimmungen gestalten

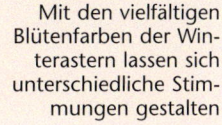

BALKONPFLANZEN

Herbstastern

(*Aster* in Arten u. Sorten)

Sie kommen aus dem Reich der winterharten Blütenstauden und erobern als einjährig gezogene, blühende Herbstpflanzen die Herzen der Balkongärtner.
Wuchs: Buschige, mehrtriebige Horste, zum Teil sparrig breit, reich verzweigt; von niedrigen, polsterförmigen Kissenastern (*A. dumosus*) über mittelhohe, locker verzweigte Myrthenastern (*A. ericoides*) bis zu den meterhohen, aufrechten Glatt- und Raublattastern (*A. novi-belgii, A. novi-angliae*).

Blüte: Margeritenförmig, Durchmesser 2–3 cm, ungefüllt mit gelber oder brauner Scheibe, auch halb und dicht gefüllt; lila, violett, rosa, weiß.
Standort: Sonnig bis halbschattig.
Pflege: Regelmäßig gießen und am Anfang düngen; Trockenheit führt schnell zu Mehltau an den Blättern.
Überwinterung: Nach der Blüte die Büsche zurückschneiden und im Garten auspflanzen.

Extra-Tipp: Hohe Sorten sind im unteren Drittel unschön, daher immer mit einigen halbhohen Pflanzen kaschieren.

Zierkohl

(*Brassica oleracea*)

Statt in den Kochtopf wandern diese wohlgeformten, farbenfrohen Kohlköpfe in Schalen und Balkonkästen.
Wuchs: Rosettenförmig auf einem kurzen, kräftigen Stiel, Durchmesser etwa 10–15 cm.
Blüte: Keine.
Standort: Sonnig bis schattig.
Pflege: Regelmäßig gießen.

Extra-Tipp: Im Grunde zählt der Zierkohl zu den Blattschmuckpflanzen. Die

an den Rändern stark gekrausten Blätter sind im Innern der Rosette lila, rosa, cremefarben oder weiß. Die Farbe wird mit sinkenden Temperaturen immer intensiver und hält sich bis in den tiefen Winter. Wenn die Blätter braun werden, wird es Zeit, die Pflanzen zu entfernen, denn wie für Kohl typisch, entfalten die verrottenden Pflanzen keine Wohlgerüche.

Strauchveronika

(*Hebe* × *andersonii*)

Ein lilablaues Wunder für die Herbsttage. Leider ist der kleine immergrüne Busch nur bedingt winterhart.
Wuchs: Dicht buschig, reich verzweigt, 0,5–1 m.
Blüte: Klein und filigran, in dichten, walzenförmigen Kerzen an den Triebenden, violett oder weiß, ab September.
Standort: Sonnig bis halbschattig.
Pflege: Regelmäßig gießen, Staunässe vermeiden; nur mäßig, im Herbst während der Blüte überhaupt nicht mehr

düngen; wenn die ersten Nachtfröste kommen, sollten die Pflanzen an die Hauswand gerückt werden.
Überwinterung: Nach der Blüte zurückschneiden und bei anhaltendem Frost an einen hellen, kühlen (5–10 °C) Platz stellen.

Extra-Tipp: Wer die kleinen Sträucher mehrjährig ziehen will, sollte sie in sandige Erde mit einem schwach sauren bis neutralen pH-Wert pflanzen.

FÜR HERBSTGESTALTUNGEN

Berberitze
(Berberis thunbergii)

Ein kleiner Strauch mit grünen oder rötlichen Blättern, der sich sehr gut im Topf entwickelt. Neben dem Fruchtschmuck fällt er durch eine wunderschöne Herbstfärbung auf.

Wuchs: Straff aufrecht, dicht verzweigt; bei Kultur im Topf Höhe bis zu 2 m.

Blüte: Klein, in dichten Büscheln, gelb, zum Teil mit rötlichem Hauch, Mai/Juni; ab August kleine, längliche Beeren, korallenrot, haften bis zum Winter an den Zweigen.

Standort: Sonnig bis halbschattig.

Pflege: Regelmäßig gießen und düngen; ab August nicht mehr düngen, damit das Holz ausreichend frosthart wird; bei geformten Pflanzen im Frühling und Sommer Neuaustrieb zurückschneiden.

Überwinterung: Im Freien, im Schutz der Hauswand.

Extra-Tipp: Die rotlaubigen Sorten passen gut zu rosablühenden Balkonpflanzen.

Sorten: 'Atropurpurea' – rotlaubige Form; 'Bagatelle' – kleinbleibende, rotlaubige Sorte, Höhe bis 0,4 m; sehr langsam wachsend; 'Kobold' – kleinbleibende Sorte, die maximal 50 cm hoch wird; 'Nana Atropurpurea' – klein bleibende Form mit rotem Blattwerk.

Zwergmispel
(Cotoneaster)

Diese zum Teil immergrünen Sträucher tragen im Herbst erbsengroße rote Früchte. Neben dem Zierwert machen sich die verschiedenen Arten und Sorten dadurch beliebt, dass sie sehr robust und anspruchslos sind.

Wuchs: Je nach Art und Sorte flach niederliegend bis sparrig aufrecht wachsend; Höhe zwischen 0,4 und 3 m hoch.

Blüte: Klein, weiß, rosa; meist in dichten Schirmtrauben, Mai/Juni; später erscheinen zahlreiche rote oder rotbraune Früchte.

Standort: Sonnig bis schattig.

Pflege: Regelmäßig gießen, in der ersten Jahreshälfte düngen.

Überwinterung: Im Freien, ohne besondere Schutzmaßnahmen.

Extra-Tipp: Werden die Sträucher zu üppig, kann man sie problemlos zurückschneiden.

Arten: *C. dammeri* (Bild) – immergrün; flach wachsend, bis 0,6 m hoch, bis 0,8 m breit, verschiedene Sorten; *C. microphyllus* – immergrün; feste, flache Polster, bis 0,5 m hoch; bis 1 m breit; *C. praecox* – sommergrün; Zwergstrauch mit überhängenden Ästen, bis 0,8 m hoch, bis 2 m breit; *C. × wateri* – halbimmergrün bis immergrün, aufrecht wachsend, bis 3 m hoch, maximal 3 m breit.

Feuerdorn
(Pyracantha)

Die immergrünen, bedornten Sträucher tragen unzählige leuchtende, kleine Früchte.

Wuchs: Aufrecht, sparrig verzweigt, breitwüchsig, Höhe zwischen 1–2 Meter, wenn das Gehölz im Kübel wächst.

Blüte: Klein, in dichten Scheinrispen an mehrjährigen Trieben, weiß, Blütezeit Mai/Juni; ab August werden die Früchte orange, gelb oder rot.

Standort: Sonnig bis halbschattig.

Pflege: Regelmäßig gießen, in der ersten Jahreshälfte regelmäßig düngen; alte Triebe nach Bedarf auslichten.

Überwinterung: Im Freien; bei starkem Frost an die Hauswand rücken und den Ballen mit Vlies schützen; bei Temperaturen über 0 °C gießen.

Extra-Tipp: Das sparrige Astgerüst kann im Herbst mit Lichterketten geschmückt werden.

Sorten: 'Orange Charmer' – breitbuschig; 2–2,5 m; orangefarbene Früchte; 'Praecox' – breitbuschig; 1,5–2 m; orangerote Früchte; 'Red Column' – aufrechter Wuchs, 2–3 m hoch; leuchtend rote Früchte, gute Frosthärte; 'Red Cushion' – buschig, flach, bis 1 m, orangerote Früchte; 'Soleil d'Or' – breibuschig, 1,5 m, leuchtend gelbe Früchte, gute Frosthärte.

WINTER

LEISE RIESELT DER SCHNEE

Wenn die Herbststürme über das Land gezogen sind und das Laub von den Baumkronen gefegt haben, geht auch der Balkon in den Winterschlaf. Doch das heißt nicht, dass sich kahle Tristesse breit machen muss. Schließlich liegt der Balkon meist vor dem Wohnzimmerfenster, und es bietet sich an, mit einfachen Mitteln eine kleine Winterlandschaft auf den Balkon zu zaubern. Nun prägen die Strukturen der Immergrünen und bizarre Silhouetten von Gräsern und Gehölzen das Bild. Mit wenigen Handgriffen lässt sich eine vorweihnachtliche Atmosphäre mit roten Farbtupfern in Form von Schleifen und Kerzen arrangieren. In den späten Abendstunden verbreiten flackernde Kerzen eine gemütliche Adventstimmung und lassen die winterlichen Schneehäubchen leuchten. Nun ist auch der richtige Zeitpunkt gekommen, das Vogelhäuschen aufzustellen.

Der warme Kerzenschein erzeugt wohlige Gefühle beim Blick auf dem Balkon. Zwischen den Stillleben aus Zapfen, Nüssen und Tannengrün macht sich vorweihnachtliche Stimmung breit, während sich das grüne Freiluft-Wohnzimmer in den Winterschlaf zurückgezogen hat.

Nicht nur zur Sommerzeit

Stillleben prägen in den Wintertagen das Bild auf dem Balkon. Dekorieren Sie deshalb so, dass Sie beim Blick aus dem Fenster ein hübsches Arrangement sehen können. Deshalb empfiehlt es sich, die Gestaltung im Winter stärker auf einen ausgewählten Punkt zu konzentrieren.

Die wichtigsten Helfer in dieser Jahreszeit sind die Gehölze. Bei den laubabwerfenden Arten kommen nur solche in Frage, die eine wirklich gute Figur machen. Die Korkenzieherhaselnuss *(Corylus avellana* 'Contorta') gehört zu ihnen. Sie trägt spiralig verdrehte Äste, die die Aufmerksamkeit auf sich ziehen. Ebenso ist es bei der Korkenzieher-Weide *(Salix matsudana* 'Tortuosa'). Leider bereitet dieses Gehölz im

Die Schönheit des Balkons ruht friedlich unter der weißen Schneedecke. Ein einzelner Stuhl auf dem Balkon weckt Erinnerungen an schöne Sommertage und Koniferengrün nährt die Hoffnung auf einen baldigen Neuanfang mit vielen Blüten.

Gefäß nicht viel länger als eine Saison Freude, weil die Pflanzen wegen des enormen Wurzelwachstums immer wieder umgetopft werden müssen und zudem einen sehr hohen Wasserbedarf haben.

Ebenfalls exklusiv, jedoch etwas weniger auffallend sind einige Gehölze, die im Winter blühen. Zaubernuss *(Hamamelis × intermedia)*, Winterschneeball *(Viburnum × bodnantense)* und Winterjasmin *(Jasminum nudiflorum)* verzaubern die Wintertage mit gelben beziehungsweise zartrosafarbenen Blüten. Die kleinen Blütchen lassen sich von einem Sitzplatz direkt am Balkonfenster genüsslich beobachten. Wer dagegen nur aus weiterer Entfernung auf den Balkon sieht, sollte lieber auf die grünen Strukturen von Efeu *(Hedera helix)*, Buchsbaum *(Buxus sempervirens)* und Stechpalme *(Ilex × aquifolium)* zurückgreifen.

Immergrüne Strukturen

Im Winter kommen die Vorzüge der Koniferen und immergrünen Laubgehölze groß heraus. Sie zeigen sich ganz unverfroren und verleihen dem Balkon mit ihren Blatt- und Nadelstrukturen viel Lebendigkeit. Mit Zwergkoniferen wie Kiefern (z. B. *Pinus mugo* 'Gnom'), Scheinzypressen *(Chamaecyparis obtusa* 'Danica') und Wachholder *(Juniperus squamata* 'Blue Star') lassen sich Balkonkästen hervorragend dauerhaft bepflanzen, dazu gesellen Sie am besten einige dekorativ geformte oder panaschierte Efeuformen *(Hedera helix)*, die ihre Triebe über den Gefäßrand legen. Und damit An-

fang Februar die ersten Blüten einen Hauch Vorfrühlingsstimmung aufkommen lassen können, setzen Sie im Herbst ein paar Tuffs Schneeglöckchenzwiebeln *(Galanthus nivalis)* in die Erde.

Durch geschnittene Formen hat sich der Buchsbaum *(Buxus sempervirens)* einen Namen gemacht. Hübsch verteilte Buchskugeln in verschiedenen Größen wirken ebenso dekorativ wie kegelförmige Büsche, die die Ecken des Balkons betonen. Wem die Buchsfiguren zu kostspielig sind, der kann hübsche Figuren auch aus Efeu *(Hedera helix)* gestalten. Die langen Triebe werden einfach an einem entsprechend geformten Drahtgestell befestigt.

Ein paar Farbtupfer

Damit das Grün nicht zu trist wirkt, werden gezielt ein paar bunte Flecken einge-

plant. Dekorieren Sie zu dem Dauergrün zum Beispiel die fruchtbesetzten Zweige von Wildrosen *(Rosa)*, Schneeball *(Viburnum)* und laubabwerfender Stechpalme *(Ilex verticillata)*. Letztere bekommt man im Winter beim Floristen, ihre roten Früchte schmücken dezent und dauerhaft. Doch auch ein roter Stuhl, eine blaue Glaskugel oder ein burgunderroter Balkonkasten reichen völlig aus, um dem Wunsch nach etwas Farbe nachzukommen.

Es naht die Weihnachtszeit

Auch eine Fichte *(Picea)* oder Tanne *(Abies)* im Topf kann zum Mittelpunkt der winterlichen Balkongestaltung werden. Kerzen, Zapfen und Strohsterne schmücken seine Zweige zur Weihnachtszeit, goldene Tannenzapfen und versilberte Zierkürbisse heben sich vom dunklen Grün leuchtend ab. Eine breites rotes Stoffband schmückt die großen Töpfe. Und wenn Sie so ein Band wie eine Girlande mit hübschen Schleifen am Balkongeländer befestigen, entsteht Weihnachtsstimmung pur.

Im winterlich bepflanzten Balkonkasten machen sich Scheinmispel, Fichte und Wachholder breit. Die roten Zieräpfel leuchten kräftig, und zusammen mit dem blauen Gefäß entsteht eine Farbharmonie, die ins Auge fällt.

Zauberhafte Pflanzenstrukturen: Während die Horste des Schwingel waagerecht überhängen, bildet die Skimmie breite Polster. Der Wachholder wächst kaskadenartig nach unten, und die Scheinzypresse richtet sich gen Himmel auf.

Rudolph, dem Rentier erfreuen Groß und Klein. Ganz anders wirken zwei oder drei dekorative Glasvasen: Sie ergeben, mit Tannenzapfen und Nüssen gefüllt, ein hübsches Arrangement.

Die Dämmerung bricht in diesen Wochen früh herein, und es sieht bezaubernd aus, wenn die Dunkelheit von einigen Kerzen erleuchtet wird. Daher bleiben die Windlichter auch im Winter draußen auf dem Balkon. Rote und grüne Stumpenkerzen sorgen für zusätzliche Farbtupfer.

Mit Hilfe von Lichterketten können Sie die Formen von Gehölzen betonen. Es gibt Ketten in verschiedensten Ausführungen speziell für die Verwendung im Außenbe-

Die Weihnachtsmänner aus Holz leuchten zwischen dem dunklen Grün von Seidenkiefer und Tannengrün. Sie stimmen jeden Morgen auf die Weihnachtstage ein. Besonders schön sieht alles aus, wenn über Nacht frischer Schnee gefallen ist.

Adventszeit auf dem Balkon: Elektrische Lichterketten erleuchten die Christbäume aus Weidengeflecht. Das antik anmutende Gewächshaus wird vom Schein der Kerzen festlich beleuchtet. Kein Windhauch kann den Flammen etwas anhaben.

Stellen Sie einen Tisch, dem Wind und Wetter nicht anhaben können, auf den Balkon und dekorieren Sie ihn mit weihnachtlichen Accessoires, zum Beispiel einem hübschen Kranz. Auch ein alter ausrangierter Schlitten kann zum Star auf dem Balkon werden, Mooskugeln und -kegel in verschiedenen Größen setzen auflockernde Akzente. Wetterfeste Glaskugeln unterstützen die gemütliche Stimmung der Vorweihnachtszeit.

Hübsch sind auch Tannenbäume und Sterne aus Weidengeflecht, die in Töpfe gesteckt werden. Ein paar Weihnachtsmänner aus Holz, große, aus Baumscheiben gesägte Holzsterne oder die Silhouette von

reich. Doch auch hier gilt: Weniger ist oft mehr. Bei allem Lichterglanz sollte immer ein Wechselspiel von hellen und dunklen Ecken erhalten bleiben, damit sich Gemütlichkeit breit macht.

Ein paar Vorsichtmaßnahmen

Damit es keine unerfreulichen Überraschungen gibt, sollte man bei der Dekoration ein paar Dinge berücksichtigen. So sollten große Kübel, die im Boden ein Abzugsloch haben, nicht direkt auf dem Boden stehen, sondern auf Füßchen oder auf drei Leisten stehen. Auf diese Weise kann Wasser immer gut abfließen und der Topf friert nicht am Boden fest.

Alle Gefäße, insbesondere die am Geländer angebrachten, müssen sicher verankert werden, damit winterliche Orkanböen keinen Schaden anrichten können. Sie zerstören sonst nicht nur die Dekoration, sondern können aus der Verankerung gerissen werden. Immergrüne brauchen auch im Winter Wasser, denn sie verdunsten bei Sonnenschein viel Feuchtigkeit, die nachgeliefert werden muss, sobald die Erde im Topf aufgetaut ist. Der Schmuck sollte regenfest sein, und auch Stoffe und Schleifen müssen wasserfeste Farbe besitzen. Schließlich will man nicht den ganzen Sommer an die Winterdekoration erinnert werden. Und Kerzen sollten Sie an sonnigen Tagen in den Schatten rücken.

Während es drinnen nach frisch gebackenen Vanillekipferln und Zimtsternen duftet, macht sich auf dem Balkon bereits festliche Stimmung breit. Kerzen und Windlichter strahlen um die Wette und tauchen den Schnee in schimmerndes Licht.

GEHÖLZE

Tanne
(Abies koreana)

Ein echter Tannenbaum darf auf dem weihnachtlich geschmückten Balkon nicht fehlen. Seine Nadeln schimmern auf der Unterseite silbrig.

Wuchs: Kegelförmig, langsam wachsend, im Kübel zwischen 1 und 2 m hoch, ausgepflanzt bis 5 m Höhe.
Blüte: Aufrechte Zapfen, grünviolett, bis 8 cm lang; da die Pflanzen veredelt werden, erscheinen die Zapfen meist schon im Jugendstadium.
Standort: Sonnig bis halbschattig.

Pflege: Regelmäßig gießen und bis August mit Koniferendünger versorgen; Schnittmaßnahmen sind unüblich.
Überwinterung: Im Freien, allerdings sollte man die Krone vor intensiver Sonne bei Minusgraden schützen; bei frostfreiem Wetter gießen.

Extra-Tipp: Wer die Möglichkeit hat, sollte den Tannenbaum im Frühling mitsamt Topf im Garten auspflanzen. So schön er in der Winterzeit ist, so wenig fügt er sich in die fröhlich bunte Sommergestaltung ein. Vielleicht finden Sie auch einen Platz neben der Haustür oder im Hof.

Buchsbaum
(Buxus sempervirens)

Kegel, Kugeln, Spindeln, Körbchen, Teddybären – es gibt kaum eine Figur, die nicht aus dem immergrünen Buchsbaum geschnitten wird.

Wuchs: Buschig, dicht, reichverzweigt; Einfassungs-Buchs (*B. sempervirens* 'Suffruticosa') ist langsam wachsend, Höhe zwischen 15 und 40 cm; Hoher Buchsbaum (*B. sempervirens* var. *arborescens*) wächst schneller und wird im Topf etwa 1,5–2 m hoch.
Blüte: Unscheinbar.

Standort: Sonnig bis schattig. Bei sonnigem Frostwetter werden die Büsche schattiert, sonst vertrocknen sie.
Pflege: In ein Substrat für Kübelpflanzen setzen; mit einem Buchsbaum-Dünger regelmäßig gießen und düngen; idealer Zeitpunkt zum Schneiden ist April/Juni. Wer im Winter ganz klare Konturen wünscht, kann im Oktober nochmals die Kanten nachschneiden.
Überwinterung: Im Freien; Schutz vor intensiver Wintersonne; bei Temperaturen über 0 °C gießen.

Extra-Tipp: Kugeln lassen sich mit Lichterketten hübsch schmücken.

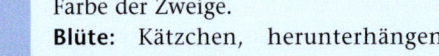

Korkenzieher-Haselnuss
(Coryllus avellana 'Contorta')*

Dieser laubabwerfende Strauch macht in den Wintermonaten eine gute Figur. Seine Zweige sind unregelmäßig spiralig verdreht.

Wuchs: Korkenzieherartig verdreht, Höhe bis zu 1,50 m, hübsche hellbraune Farbe der Zweige.
Blüte: Kätzchen, herunterhängend, gelb, im März April.
Standort: Sonnig bis halbschattig.
Pflege: Pflanzung in eine struktur stabile Kübelpflanzenerde; regelmäßig gießen, im Frühjahr und Frühsommer düngen; Wildtriebe, die nicht gedreht wachsen, unbedingt entfernen. Man sollte alte Triebe abschneiden, um den Neuaustrieb anzuregen.
Überwinterung: Im Freien.

Extra-Tipp: Auf dem österlich dekorierten Balkon rückt der Strauch ein zweites Mal in den Vordergrund, denn die Zweige werden mit bunt bemalten Ostereiern geschmückt.

FÜR WINTERGESTALTUNGEN

Efeu
(Hedera helix)

Ein zuverlässiger und sehr dekorativer Begleiter durch die Wintermonate.
Wuchs: Kletternd mit Haftwurzeln oder flach niederliegende Triebe; je nach Sorte zwischen 0,4 und 3 m langen Trieben.
Blüte: Unscheinbar, nur bei der Altersform.
Standort: Sonnig bis schattig.
Pflege: Regelmäßig gießen und mäßig düngen; Rückschnitt, um einen Neuaustrieb anzuregen.

Überwinterung: Im Freien; bei frostfreier Witterung gießen.

Extra-Tipp:
Der Efeu zeigt sich mit ungeübten Gärtnern geduldig und kennt nahezu keine Pflegefehler. Zugleich kann man mit die langen Triebe in Drahtfiguren flechten und Wände begrünen. Allerdings klettern die Triebe nur auf einem rauen Untergrund selbständig. Viele verschiedene Formen, z. B. mit feingliedrigen, großlappigen, gelb gezeichneten und weiß marmorierten Blättern sind auf dem Markt. Es lohnt sich, nach besonders hübschen Sorten zu suchen.

Silber-Fichte
(Picea pungens 'Glauca')

Neben der echten Tanne haben sich Silber-Fichten für die Adventszeit einen Namen gemacht.
Wuchs: Kegelförmig, Höhe je nach Sorte zwischen 0,2 und 2 m im Kübel.
Blüte: Unbedeutend.
Standort: Von Natur aus sonnig; allerdings ist der Standort im Topf extrem, daher sollte man einen halbschattigen Platz mit hoher Luftfeuchtigkeit vorziehen.
Pflege: Regelmäßig gießen und bis August mit Koniferendünger versorgen; Rückschnitt möglichst vermeiden.
Überwinterung: Im Freien; bei sonnigem Wetter schattieren; frostfreie Tage zum Gießen nutzen.

Extra-Tipp: Weitere empfehlenswerte Arten, die niedrig bleiben und sich für die Kultur im Kübel eignen: Zuckerhut-Fichte (*P. glauca* 'Conica'), Zwergform der Serbischen Fichte (*P. omorika* 'Nana') und die rundkronige Blau-Fichte (*P. pungens* 'Glauca Globosa'). Für den Balkonkasten eignen sich die Sorten von *P. abies*: 'Echiniformis', 'Little Gem' und 'Pygmaea'.

Kiefer
(Pinus)

Von den verschiedenen Kiefern-Arten gibt es kleinwüchsige Formen, die den winterlichen Balkon mit ihren niedrigen und kompakt wachsenden Sorten bereichern.
Wuchs: Die höheren Sorten wachsen etwas sparrig und locker verzweigt, Höhe zwischen 1 und 2 m; die Zwergformen erreichen zwischen 30 und 80 cm Höhe und nahezu die gleiche Breite, so bilden sich Polster, die sehr langsam wachsen und meist kompakt bleiben.

Blüte: Unauffällig, je nach Sorte attraktive Zapfen, im Topf allerdings selten.
Standort: Sonnig.
Pflege: Regelmäßig gießen und bis August düngen. Rückschnitt ist nicht empfehlenswert, lediglich der frische Austrieb kann etwas gekürzt werden.
Überwinterung: Im Freien, bei frostfreier Witterung gießen.

Extra-Tipp: Zur Dauerbepflanzung von großen Balkonkästen gut geeignet.

Sorten der Krummholzkiefer *(Pinus mugo)*: 'Columnaris' – schmal kegelförmig, langsam wachsend; 'Gnom' – kugelig wachsend; 'Mini Mops' – kissenförmig, sehr flach. Weitere klein bleibende **Arten:** Weymouths-Kiefer *(P. strobus)*; Kleine Silber-Kiefer *(P. sylvestris* 'Watereri'); Zwerg-Kiefer *(P. pumila* 'Glauca', 'Nana').

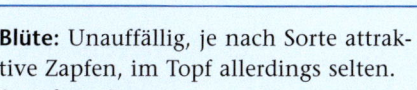

PRAXIS

Die perfekte Ausstattung

Passend zu jedem Stil findet man einen hübschen Balkonkasten, wobei auch auf Funktionalität zu achten ist.

Voraussetzung für einen schönen Balkongarten ist die Schaffung eines geeigneten Lebensraumes für die Pflanzen. Schließlich sollen sie vom Frühjahr bis in den späten Herbst das Wohnzimmer unter freiem Himmel schmücken. Es heißt also, Gefäße auszusuchen, in denen die Pflanzen mit ihren Wurzeln guten Halt finden. Verschiedenste Formen und Materialen sind auf dem Markt, das Angebot ist breit gefächert und reicht vom klassischen Tongefäß über Holz und Metall bis zu Modellen aus Plastik.

Tongefäße haben im Topfgarten eine lange Tradition. Schon in der Antike entdeckte man, dass Pflanzen in getöpferten Gefäßen gut gedeihen. Heute unterscheidet man zwischen meist preisgünstigen, nicht frostfesten und den teureren, frostfesten Gefäßen mit oft reliefartigen Verzierungen. Farbige Glasuren ermöglichen eine geschickte Betonung der gewählten Farbwelt auf dem Balkon. Allerdings besitzen Gefäße aus Ton ein relativ hohes Gewicht. Bereits ein schlichter Kasten, wie im Bild links, wiegt je nach Breite zwei bis drei Kilo. Rechnet man nun noch Erde, Wasser und Pflanzenmasse dazu, kommt viel Gewicht zusammen, das gehalten und gut verankert sein will.

Gefäße aus **Metall** sieht man seltener. Schwere Bleigefäße sind dekorativ, aber auch entsprechend teuer. Gegen Eisengefäße spricht die Anfälligkeit für Rost. Auch Lackierungen sind meist nicht dauerhaft wetterfest. Immer öfter sieht man Zinkgefäße mit silbriger oder geschwärzter Oberfläche. Letztere haben den Nachteil, dass sich die Wurzeln in der Sonne stark aufheizen und es zu Verbrennungen kommt. Wichtig ist, wie bei allen anderen Gefäßen auch, dass sich im Boden ein Abzugsloch für Wasser befindet, damit keine Staunässe aufkommen kann.

Holzgefäße findet man selten. Gegen Harthölzer sprechen Gewicht und Preis, Weichhölzer haben keine sehr lange Witterungsbeständigkeit. Wer gerne schreinert, kann aus Holz hübsche Verkleidungen für einfache Gefäße fertigen oder sich für eine Saison einen Kasten bauen, der eine modische Farbe erhält. Für ländliche Gestaltungen bieten sich **geflochtene Körbe** aus Weide an, die zum Schutz gegen austretende Erde mit einer kräftigen Folie oder einem Vlies ausgekleidet sind.

Plastiktöpfe gelten als billig, doch wenn man sich das Sortiment ansieht, findet man hervorragende Qualitäten. Zum Teil sehen die

In den Kasten wird ein doppelter Boden gelegt (oben). Der Einfüllstutzen (u. links) ermöglicht bequemes Befüllen (u. rechts).

Töpfe einem Terrakottagefäß täuschend ähnlich. Ihr Vorteil sind das geringe Gewicht und die häufig bereits eingebauten technische Raffinessen wie Wasserspeicher im doppelten Boden und Überläufe.

Kästen für das Geländer

Wer Fensterbänke und Balkongeländer mit einer blumigen Girlande schmücken will, ist mit einem Kasten gut beraten. Die gängigen Blumenkästen sind im Durchschnitt 10–20 cm breit und haben variable Längen zwischen 30 und 120 cm. Breitere Kästen machen weniger Sinn, da sie unhandlich sind. Kästen gibt es in allen Materialien. Nach wie vor ist Plastik weit verbreitet, weil es leicht ist und die Möglichkeit eines Wasserreservoirs bietet. Achten Sie aber auch auf gute Lichtbeständigkeit des Materials sowie ausreichende Stabilität der Wände.

Hängende Ampeln

Seit der Einführung der üppigen Hängepetunien und der Übernahme so genannter »hanging baskets« aus dem Gartenland Großbritannien, haben Ampeln als Platz sparend aufgehängtes Gefäß mehr und mehr auch bei uns an Bedeutung gewonnen. Die klassischen Drahtampeln sind jedoch trotz Einlagen aus Kokosfasern oder Vlies nicht so pflegeleicht wie Plastikgefäße mit Untersetzer und Wasserspeicher. Wer zunächst den Anblick von Plastikampeln scheut, sollte berücksichtigen, dass die Gefäße meist schon nach wenigen Wochen unter den üppigen Trieben verschwunden sind.

Sichere Aufhängung

Bei allen Gefäßen sollte die Sicherheit der Aufstellung beziehungsweise Aufhängung an erster Stelle stehen, denn das Eigengewicht der Gefäße und die Windlast stellen hohe Anforderung an die Verankerung. Für das Balkongeländer gibt es verstellbare Winkelhalter, bei

Die Halterungen, mit denen Gefäße am Geländer befestigt werden, sollten mit den baulichen Gegebenheiten harmonieren.

ausreichend Platz kann man die Kästen auch nach innen hängen. Ampeln werden mit einem Haken in der Decke eingedübelt, wenn der Vermieter dies erlaubt.

Geflochtene Ampeln bestehen aus Draht oder Naturmaterial. Es gibt sie aber auch aus Keramik, Ton und Plastik.

Das Original des »hanging basket« wird mit Moos ausgelegt. Einfacher geht es mit Einsätzen aus Kokosfaser oder Papier.

Die richtige Erde

Eine lockere, hochwertige Erde ist das A & O für gesundes, kräftiges Wachstum. Wichtig ist, dass der pH-Wert mit den Ansprüchen der Pflanzen übereinstimmt. Scherben, Kies oder Blähton als erste Schicht im Topf gewährleisten eine gute Dränage.

Die Grundlage für reich blühende und gesunde Balkonpflanzen ist ein hochwertiges Substrat. Dabei sind Markenprodukte vielen Billigangeboten vorzuziehen. Vergleiche zeigen, dass Pflanzen in einem Qualitätsprodukt üppiger und kräftiger wachsen. Wegen der meist besseren Struktur sind auch Dünge- und Gießarbeiten weniger aufwändig.

Was sind nun die Anforderungen an ein gutes Kultursubstrat, welche Funktionen hat es zu erfüllen? Das Substrat muss so beschaffen sein, dass sich die Wurzeln gut ausbreiten können und optimalen **Halt** finden. Zudem werden sowohl **Wasser-** als auch **Nährstoffhaushalt** über das Substrat gedeckt. Beides muss von der Pflanzerde ausreichend gespeichert und bei Bedarf abgegeben werden können. Erdreich mit ausreichend **Luft** ist ebenfalls für den Stoffwechsel erforderlich. Die Erden müssen einen optimalen **pH-Wert** besitzen und diesen auch langfristig halten können. Für die meisten Balkonpflanzen ist ein leicht saures Substrat mit einem pH-Wert zwischen 5,5 und 6,5 optimal. Durch regelmäßiges Gießen mit Leitungswasser, das in der Regel einen hohen Kalkgehalt hat, kann der pH-Wert ansteigen. Daher ist es wichtig, dass das Substrat eine so genannte **Pufferungsfähigkeit** besitzt, die den beschriebenen Anstieg des pH-Wertes verhindert.

Hochwertige Substrate

Je geringer die Qualität einer Pflanzerde ist, desto weniger Anforderungskriterien werden erfüllt. Eine gute Pflanzenerde enthält Stoffe, die ein hohes Porenvolumen haben, was die Beigabe von Weißtorf, Blähton, Perlite, Styromull, Kokosfasern oder Reisspelzen gewährleistet. Sie begünstigen die Durchlüftung und fördern die Erwärmung des Substrates. Mit Hilfe von Ton und Schwarztorf wird das Wasserhaltvermögen verbessert. Zusätzlich kann man Blähton beimischen, um den Wasserhaushalt zu optimieren. Ton und Schwarztorf verbessern auch die Fähigkeit, Nährstoffe zu speichern. Ton, Schwarz- und Weißtorf sind die Bestandteile, welche die Pufferkraft eines Substrates ausmachen. Achten Sie beim Kauf auf die Zusammensetzung des Substrates und investieren Sie in Qualität. Sie macht sich bezahlt. Selbstverständlich sollte eine gute Erde auch frei von Unkrautsamen, Schädlingen und Krankheitskeimen sein.

Dünger in der Erde

Kultursubstrate enthalten in der Regel alle Nährstoffe für einen guten Start. In frischen, hochwertigen Produkten finden sich deshalb so notwenige Nährstoffe wie Stickstoff, Phosphor, Kalium, Calcium und Magnesium. Auch Spurenelemente (siehe Seite 150) sind enthalten. Die Konzentration reicht für die ersten vier bis sechs Wochen aus. In dieser Zeit kann man auf die Düngung verzichten. Praktisch sind Erden, die Langzeitdünger enthalten. Die honigbraunen Kügelchen enthalten alles, was die Pflanzen benötigen und geben es in Anpassung an den Bedarf über etwa 12 bis 16 Wochen ab.

Kasten bepflanzen

❶ Erde einfüllen

Wichtig: Vor dem Befüllen Abzugslöcher anbringen. Für Balkonkästen in sonniger Lage eine Schicht Blähton oder eine Vliesmatte als Wasserspeicher auf den Boden legen, danach die Erde einfüllen.

❷ Pflanzen austopfen

Den Wurzelballen vorsichtig aus dem Topf lösen. Bereitet dies Schwierigkeiten, stößt man den Topf kopfüber leicht auf eine Kante, während man die Erde mit der zweiten Hand hält. Nun den Topf abziehen.

❸ Pflanzen wässern

Meist sind die Ballen beim Kauf sehr trocken. Für einen guten Start wässert man deshalb die Pflanzen kräftig. Dazu legt man sie in eine Wanne mit Wasser, bis sich die Erde richtig vollgesogen hat.

❹ Pflanzen einsetzen

Anschließend werden die Pflanzen in der gewünschten Kombination in das Gefäß arrangiert. Die Pflanzabstände dabei nicht zu knapp bemessen, da die Pflanzen in den nächsten Wochen stark wachsen werden.

❺ Erde auffüllen

Nun werden die Lücken mit Erde verfüllt. Wichtig ist dabei, dass das Substrat behutsam angedrückt wird und jeder Ballen rundherum von Erde umgeben ist. Der Gefäßrand sollte zwei Finger breit frei bleiben.

❻ Angießen

Nun gießt man die Pflanzen behutsam aber durchdringend an. Sackt das Substrat stark zusammen, verfüllt man die entstandenen Löcher wieder mit Substrat bis zum Gießrand und drückt gut fest.

❼ Regelmäßig gießen

Für eine prachtvolle Entwicklung ist es nötig, dass die Pflanzen regelmäßig gegossen werden. Dies ist besonders wichtig bei warmem Wetter und trockenem Wind.

PRAXIS

Ampel bepflanzen

❶ Vorbereitungen
Vor der Bepflanzung legt man Wasserspeicher und Einfüllstutzen ein. Diese Technik garantiert eine gute Wasserversorgung.

❷ Pflanzung
Aufrecht wachsende Arten werden in der Mitte platziert, überhängende erhalten ihren Platz an den Rändern der Ampel.

❸ Angießen
Sind alle Pflanzen gesetzt, wird kräftig angegossen, zusammengesackte Erde füllt man wieder etwas auf.

❹ Ein harmonischer Mix
Nach wenigen Wochen ergänzen sich Edellieschen in der Mitte, Hängeverbene, Lakritzkraut und Ziersalbei perfekt.

Zwiebelblumen pflanzen

❶ Frühlingsvorbereitungen
Im zeitigen Herbst müssen die Frühlingsblüher gepflanzt werden. Der Kasten wird zunächst mit einer dünnen Schicht Erde befüllt.

❷ Zwiebeln legen
In Gruppen setzt man die Zwiebeln mit der flachen Seite fest auf die Erde. Zunächst werden Tulpen und Narzissen in Tuffs gepflanzt.

❸ Schon im Herbst dekorativ
Mit Hornveilchen und Greiskraut bepflanzt, macht der Kasten gleich etwas her. In die Lücken kommen die Zwiebeln von Blausternchen.

Bewässerung

Die wichtigste Pflegemaßnahme für Balkonblumen ist das richtige Gießen. Schließlich ist die Versorgung mit Wasser aus dem Boden unmöglich und Dächer verhindern, dass die Pflanzen von einem erfrischenden Sommerregen profitieren.

Ideal ist es, morgens zu wässern. Wer die Abendstunden vorzieht, sollte darauf achten, dass Blätter und Blüten möglichst trocken bleiben. Gießen Sie nicht nach Plan, sondern nach den Bedürfnissen der Pflanzen und prüfen Sie mit dem Finger, ob die Erde tiefgründig trocken ist. Bedenken Sie, dass bei trockener Hitze viel Wasser verdunstet und warmer Sommerwind die Erde austrocknet. Der sommerliche Wachstumsschub lässt den Wasserbedarf stark steigen. Gleichzeitig nimmt durch Umsetzungsprozesse das Speichervermögen der Erde ab. Das bedeutet, dass man in der zweiten Sommerhälfte öfter gießen muss.

Automatische Bewässerungen sind ideale Helfer, Computer gesteuerte Tropfsysteme richten sich nach dem Bedarf der Pflanzen. Für einen Kurzurlaub reicht ein System mit Wasserkugeln, umgedrehten Flaschen oder ein System mit porösen

Regelmäßiges und maßvolles Gießen ist einer der wichtigen Schlüssel für gesunde Balkonpflanzen. Die Erde muss sich gut mit Wasser vollsaugen können.

Tonkegeln aus. Dennoch sollten die Helfer ab und an überprüft und gegebenenfalls mit der Gießkanne nachgeholfen werden.

Automatische Bewässerung

❶ Textile Bewässerungsmatten
Wird unten in den Boden eines normalen Kastens eine saugfähige Vliesmatte gelegt, kann mehr Wasser im Kasten gespeichert werden.

❷ Dekorative Wasserspender
Die Glaskugeln werden von unten mit Wasser befüllt und in die Erde gesteckt. Bei Trockenheit saugt die Erde das Wasser aus der Kugel.

❸ Der Tropf-Blumat
In die Erde gedrückte Tonkegel. Über einen Schlauch wird bei Trockenheit Wasser aus dem Vorratsbehälter angesaugt.

Nährstoffe aller Art: Flüssigdünger werden mit der Gießkanne ausgebracht, feste sowie granulierte Formen in die Erde eingearbeitet, Kegel und Stäbchen steckt man den Topf.

Düngung

Nährstoffe sind wichtig, damit sich die Pflanzen kräftig entwickeln und zahlreiche Blütenknospen bilden. Stickstoff fördert die Blattbildung, Phosphor die Blütenbildung. Für eine ausgewogene Ernährung sind weiterhin Kalium und verschiedene Spurenelemente wichtig. Das Verhältnis der Nährstoffe zueinander spielt eine entscheidende Rolle. In Fertigprodukten für bestimmte

Pflanzengruppen, zum Beispiel für Geranien, Hänge-Petunien oder Tomaten, ist das Nährstoffangebot auf die Ansprüche der einzelnen Pflanzen abgestimmt.

Die richtige Dosierung

Vergessen Sie den Spruch »Viel hilft viel«. Grundsätzlich müssen die Nährstoffe in ausreichender Menge zur Verfügung stehen. Ein zu hoher Nährstoffgehalt schadet jedoch in gleichem Maße wie ein Mangel. Die einfachste Lösung für eine ausgewogene Nährstoffversorgung bieten Langzeit- oder Depotdünger.

Langzeitdünger enthalten alle wichtigen Nährstoffe und geben diese im Verlauf von durchschnittlich 8 bis 12 Wochen an die Pflanzen ab. Eine Ummantelung sorgt dafür, dass die enthaltenen Nährstoffe nur langsam und in Abhängigkeit von der Außentemperatur freigesetzt werden. Meist reicht eine Dosierung für die Saison.

Flüssigdünger wird dem Gießwasser beigemischt. Er kann gezielt in niedriger Dosierung gegeben werden. Wer einen grünen Daumen hat, ist mit Flüssigdüngern gut beraten.

Düngestäbchen oder -kegel, deren Dosierung sich aus der Topfgröße ergibt, sind leicht in der Anwendung. Es gibt sie für die verschiedenen Kulturen, man muss immer wieder für Nachschub sorgen.

Mischt man beim Pflanzen Langzeitdünger unter das Substrat, kann man die Düngung über den Sommer getrost vergessen.

Die Pflege im Sommer

Damit sich laufend neue Blütenknospen bilden, muss man bei vielen Pflanzen nachhelfen. Ausnahme sind Pflanzen, die sich selbst ausputzen, wie zum Beispiel Edellieschen *(Impatiens*-Neuguinea-Hybride), Schneeflockenblume *(Sutera diffusus)* und Schmalblättrige Zinnie *(Zinnia angustifolia).*

Bei großblumigen Balkonpflanzen wie Petunien *(Petunia)* und Knollenbegonien *(Begonia)* knipst man welke Blüten einfach aus. Welke Strauchmargeriten *(Argyrathemum)* werden mit dem Stiel bis zum nächsten Blättchen abgeschnitten, da sonst die braun werdenden Blütenstiele stehen bleiben. Bei Geranien *(Pelargonium)* wird der gesamte Blütenstand ausgebrochen, wenn die Blüten welk sind.

Bei Pflanzen wie Fuchsien *(Fuchsia)*, Duftwicke *(Lathyrus)* und Kapuzinerkresse *(Tropaeolum)* fallen die Blüten ab. Scheinbar putzen sich die Blüten selber aus. Doch lässt die Blühfreudigkeit nach und sieht man genauer hin, entdeckt man einen reichen Fruchtansatz. Dieser wird ausgeknipst, damit die Kraft wieder ungehindert in die Knospenbildung geht.

Das Ausbrechen der welken Blüten gehört zu den regelmäßige Pflegearbeiten. Es fördert die Neubildung von Knospen.

Blüten ausputzen

❶ **Petunien ausknipsen**
Die abgeblühten Petunienblüten knipst man mit den Finger aus, damit die Pflanzen immer einen guten Eindruck machen.

❷ **Verblühte Nelken entfernen**
Welke Nelken werden mit der Schere tief unten im dem buschigen Kissen abgeschnitten. So können sich neue Triebe entfalten.

❸ **Geranien ausputzen**
Sind alle Blüten eines Blütenstandes welk, wird der Stiel leicht gegen die Wuchsrichtung geknickt. So löst er sich problemlos ab.

Wenn sich das üppige Männertreu nach der ersten Blüte verausgabt hat, wird es kräftig zurückgeschnitten.

Eine extra Portion Dünger und gleichmäßige Bodenfeuchtigkeit lassen die Pflanzen rasch mit vielen Blüten durchtreiben.

Verzweigung fördern

Der buschige Wuchs von Balkonblumen wie Fuchsien (*Fuchsia*), Geranien (*Pelargonium*) und Fleißigen Lieschen (*Impatiens walleriana*) kann zu Beginn der Saison mit einem einfachen Handgriff gefördert werden. Knipsen Sie mit den Fingerspitzen einfach die Triebspitzen mit den obersten Blattpaaren aus. Dadurch wird zwar die Blüte etwas verzögert, aber es bilden sich Verzweigungen und damit später auch eine größere Anzahl von Blüten.

Ein kräftiger Rückschnitt

In der Mitte des Sommers lassen einige Balkonblumen in der Blühfreudigkeit nach. Zu ihnen zählt zum Beispiel das Männertreu (*Lobelia erinus*). Mit einer Schere werden dann die Pflanzen kräftig zurückgeschnitten, wodurch kurzfristig eine Lücke entsteht. Diese schließt sich jedoch rasch, wenn die Pflanzen im Anschluss gezielt düngt und regelmäßig gegossen werden. In kurzer Zeit bauen sich die Pflanzen wieder mit neuen Blüten auf. Blaues Gänseblümchen (*Brachyscome*), Goldzweizahn (*Bidens*), Duftsteinrich (*Lobularia*) und Eisenkraut (*Verbena*) vertragen eine Verjüngung im Hochsommer ebenso wie Sommersalbei (*Salvia*) und Feinstrahl (*Erigeron*).

Werden die Pflanzen im Laufe des Sommers zu dicht, sollte man sie etwas auslichten. Dazu nehmen Sie einzelne Triebe an der Basis heraus. Der Platzgewinn sorgt dafür, dass sich die Pflanzen besser entfalten können und die Blätter eine bessere Durchlüftung erhalten.

Urlaubsvorbereitungen

Vor dem Sommerurlaub kann man die Pflanzen etwas kräftiger zurückschneiden sowie frisch aufgeblühte Knospen abschneiden. So müssen Sie nur jemanden bitten, zu gießen bzw. die automatische Bewässerung zu kontrollieren. Die Pflanzen regenerieren sich in Ihrer Abwesenheit und stehen nach der Rückkehr in voller Blüte.

Figuren aus Buchsbaum werden im Frühjahr nach dem ersten frischen Austrieb wieder in Form gebracht.

So wächst ein Kasten während des Sommers ein

❶ Frisch bepflanzt

Noch sind die Pflanzen klein. Zwar deutet sich die Wuchsform bereits an, aber die Lücken sind noch relativ gut zu sehen.

❷ In der ersten Sommerhälfte

Nach den ersten warmen Wochen sind die Pflanzen eingewurzelt. Sie wachsen stärker ineinander und entwickeln ihren typischen Wuchs.

❸ In der zweiten Sommerhälfte

Jetzt wird der Kasten vollständig von den Pflanzen verhüllt. Die Triebe stützen sich gegenseitig und sind eng verwoben.

Die Entwicklung im Balkonkasten

Im Verlauf der Sommerwochen macht jede Bepflanzung eine typische Entwicklung mit. Sie beginnt nach den Eisheiligen Mitte Mai, wenn der Startschuss für die Bepflanzung gegeben wird. Zwar sind die Pflanzen noch recht klein, trotzdem ist es wichtig, ausreichend große Abstände einzuhalten. Überhängende Pflanzen werden an die Ränder gesetzt, aufrecht wachsende Arten bilden den Mittelpunkt, während man die Lücken mit buschig wachsenden Pflanzen füllt. So können sich die Balkonschönheiten in harmonischem Ein-klang entwickeln. Im Laufe der nächsten Wochen gedeihen die Pflanzen immer üppiger, warme Witterung ist sehr förderlich. Buschigkeit erzielen Sie durch gezieltes Ausknipsen der Triebspitzen. Auch der Blütenreichtum nimmt nun sichtlich zu, da sich immer mehr Knospen öffnen.

... und noch üppiger

Anhaltende Schönwetterperioden heizen die Pflanzen so richtig an. Doch immer öfter wird gezielte Pflege notwendig: Die Nährstoffreserven müssen aufgefüllt werden, Abgeblühtes ist zu entfernen, und die Pflanzen, die sich jetzt schon verausgabt haben, sind für einen gezielten Rückschnitt dankbar. Auch in der Erde tut sich einiges. Sie wird immer stärker durchwurzelt, die enthaltenen Mikroorganismen bauen die faserigen Humusanteile immer stärker ab. Das heißt, das Volumen schrumpft. Immer öfter ist bei Trockenheit zu beobachten, dass sich die Erde vom Gefäßrand löst und ein Spalt entsteht. Achten Sie beim Gießen darauf, dass das Wasser nicht nur durch die Poren rinnt, sondern sich auch die Kapillaren ausreichend füllen. Das bedeutet, dass öfter gegossen werden muss. Auch die Triebe werden immer länger und sparriger, die unteren Blätter vertrocknen allmählich, und Ende August werden die Kästen struppig und unschön.

Einrichtung

Mit diesen fertigen Holzfliesen lässt sich der Boden auf dem Balkon ohne großen Aufwand verschönern, ebenso schnell können Sie sie wieder entfernt werden.

Zu den schönen Pflanzengestaltungen, die Sie in diesem Buch kennen gelernt haben, sollte natürlich auch das Umfeld passen. Doch gerade die baulichen Gegebenheiten lassen sich nur in Ausnahmefällen ändern. Hier heißt es, Kompromisse zu finden, die den persönlichen Vorstellungen etwas näher kommen. Schauen Sie sich doch einmal im Ladenbau um! Gerade Floristen dekorieren ihr Geschäft häufig um und man findet Anregungen, wie sich mit Hilfe von Stellwänden, die tapeziert, gestrichen oder mit Folien bzw. Stoffen bezogen werden, Farbwelten und Stilrichtungen verändern lassen. Auch die Bodenstruktur können Sie mit Hilfe von

Holzfliesen verändern, ohne dass die Maßnahmen, sind sie nicht mehr erwünscht, später aufwändig zurückgebaut werden müssen.

Die Möblierung

Tische und Stühle sollen an erster Stelle der Bequemlichkeit dienen, deshalb: Probesitzen! Möbel sind aber immer auch eine Stilfrage, wer sich unsicher ist, wird eine sachliche Bauart vorziehen. Besitzen Sie einen überdachten Balkon, spielt die Witterungsbeständigkeit keine so große Rolle. Korbsessel sind ein bequeme Alternative zu Holz-, Plastik oder Metallstühlen. Das Zauberwort für den kleinen Balkon heißt jedoch »Klappmöbel«. Hier haben sich die Möbelhersteller allerhand

einfallen lassen, damit man die Runde erweitern kann und auch im Winter ein Eckchen für die Sitzgruppe findet. Zusätzliche Stellflächen entstehen durch Tische, die sich schnell und praktisch am Balkongeländer einhängen lassen. Da sie bei Bedarf angebracht werden können, vergeudet man keinen Platz durch Tischbeine und andere störende Elemente, sondern kann die Fläche als zusätzlichen Stauraum nutzen.

Wer weitere Plätze sucht, um mit Pflanzen zu dekorieren, sollte einen Blick an die Wände werfen. Es gibt im Handel sehr dekorative Eisenregale für die Wandbefestigung, aber auch mobile Modelle, die vor einer kahlen Wand sehr dekorativ ausse-

Der Tisch wird am Geländer herunter geklappt. So hat man auf einem winzigen Balkon mehr Bewegungsfreiheit.

Zum Pflanzen, Ausputzen und Umtopfen klappt man ihn aus und kann bequem alle Handgriffe ausführen oder etwas abstellen.

hen. Durch die geringe Tiefe nehmen sie nur wenig Platz weg und bieten viele Möglichkeiten für kleine Arrangements. Besonders Kräuter in einzelnen Töpfen rücken hier in Augenhöhe. Die gute alte Blumenbank erlebt zur Zeit ein kleine Renaissance. Sie ist die perfekte Lösung, wenn sich Nachbarn oder Vermieter gegen das Anbringen von Blumenkästen aussprechen. Stellen Sie diese Möbel einfach vor das Balkongeländer. Sie erzielen ohne große Platzverschwendung die gleiche Optik. Einwände sind nun nicht mehr angebracht.

Vergessen Sie nicht, bei der Möblierung auch an ausreichenden Sonnenschutz zu denken. Leider hat ein normaler Sonnenschirm in den seltensten Fällen auf dem Balkon Platz. Kleinere Schirme lassen sich aber mit Hilfe einer Klemmbefestigung sicher am Balkongeländer anbringen. Achten Sie auf eine stabile Befestigung, denn plötzliche Gewitterstürme können ungeahnte Kräfte entwickeln.

Sichtschutz

Neugierige Nachbarn können das Balkonvergnügen trüben. An transparenten Holz- und Metallgeländern schaffen wetterfeste Textilien schnell eine heimelige Atmosphäre. Flechten Sie die Bahnen aus Markisenstoff zwischen die Längsstreben ein. Auch an den Seiten des Balkons ist mit Hilfe eines Paravents aus hübschem Stoff schnell die Durchsicht verwehrt. Die Befestigung erfolgt mit Haken und Ösen. Am besten verwenden Sie einen hellen Stoff, damit möglichst viel Licht durchscheinen kann. Ein hübscher Nebeneffekt des Sichtschutzes: Er ist auch ein guter Windschutz!

Man kann den Nachbarn aber auch »durch die Blume« sagen, dass sie stören. Berankte Spaliere und üppige Blumenampeln verdecken den Blick ebensogut wie ein großer Obelisk. Wichtig ist, dass die Spaliere stabil gebaut sind und gut befestigt werden, denn auf ihnen lastet eine enorme Windlast. Ideal sind

Der Metalltisch beansprucht keine Stellfläche, weil man ihn an das Balkongeländer anhängt. Der Platz ist optimal genutzt.

Modelle, die mit dem Gefäß direkt verbunden sind. Mehr zu »Marke Eigenbau« auf Seite 156.

Fröhliche Frische bringt die Sichtschutzmatte an das Balkongeländer, zugleich werden neugierige Blicke von Nachbarn und Passanten abgewehrt.

PRAXIS

Mobiler Sichtschutz geschickt selber gemacht

❶ Materialien
Mit einerverzinkten Baustahlmatte einsteht ein Pflanzgerüst für Kletterer, die blumige Einblicke verwehren.

❷ Trick mit Knick
Das Gitter wird zwei mal umgebogen, so dass es im Kasten steht. Damit erübrigt sich eine Befestigung an der Brüstung.

❸ Die Dränage
Da Kletterpflanzen reichlich Wasser brauchen, wird Blähton eingefüllt. Er speichert Wasser und verhindert Staunässe.

❹ Erde einfüllen
Nun wird der Kasten bis zur Hälfte mit einer hochwertigen, lockeren Blumenerde befüllt. Sie sollte leicht feucht sein.

❺ Ein Nährstoffvorrat
Damit sich aus den zarten Pflänzchen rasch eine üppige Tapete entwickelt, mischt man Langzeitdünger unter.

❻ Pflanzung
Die Kletterpflanzen werden vorsichtig aus dem Topf gelöst und in leicht schrägem Winkel zum Spalier eingepflanzt.

❼ Angießen
Nun die Zwischenräume mit Erde auffüllen, einen fingerbreiten Gießrand einplanen. Zum Schluss gründlich angießen.

Vermehrung

Eine ganze Reihe von Balkonpflanzen lässt sich aus Samen selber ziehen. Ringelblumen *(Calendula)*, Studentenblumen *(Tagetes)* und Sonnenblumen *(Helianthus)* können ab März ausgesät werden. Wichtig ist, dass die Sämlinge einen möglichst hellen, aber nicht sonnig heißen Platz auf der Fensterbank bekommen, damit sie sich kräftig entwickeln. Bei Lichtmangel werden die Triebe lang und weich. Ausgesät wird in Aussaaterde oder Torfquelltöpfe. Letztere haben den Vorteil, dass man sich das Pikieren

sparen kann. Wird es im April wärmer, beginnt man, die Jungpflanzen abzuhärten. Nachts sollten Sie sie aber unbedingt mit einem Eimer oder Pappkarton die zarten Pflänzchen schützen.

Geranien *(Pelargonien)* bieten sich zur Stecklingsvermehrung an. Optimale Zeitpunkt hierfür ist der Hochsommer. In der Wärme bewurzeln die Triebe rasch und man hat Nachwuchs für das nächste Jahr. Entfernen Sie die Knospen frühzeitig, damit keine Kraft vergeudet wird. Auch Duftpelargonien lassen sich leicht durch Stecklinge vermehren.

Wenn Sie im Hochsommer Stecklinge von Geranien bewurzeln, können Sie die Schönheiten Platz sparend überwintern.

Stecklingsvermehrung

❶ Schneiden
Kopfstecklinge werden mit einem scharfen Messer geschnitten. Dabei wird der Schnitt dicht unter einem Blattpaar angesetzt und sollte leicht schräg verlaufen

❷ Stecken
Die unteren Blätter werden entfernt. Der Steckling wird nun in vorbereitete Torfquelltöpfe gesteckt und mit den Finger leicht angedrückt.

❸ Abdecken
Unter einer durchsichtigen Haube aus Glas oder Plastik ist die Luftfeuchtigkeit hoch, so dass sich rasch Wurzeln bilden. Zum Abhärten nimmt man die Haube ab.

Extrem sparrige Triebe und große Kronen sollten beim Einräumen nach Bedarf zurückgeschnitten werden. Bevor die Pflanzen ins Haus gestellt werden, lässt man die Wurzelballen abtrocknen und sammelt welke Blätter sowie Blüten ab.

Verholzende Balkonpflanzen können an einem hellen, kühlen Fenster überwintert werden. Allerdings muss man das Winterquartier regelmäßig lüften, bei Trockenheit gießen und auf Schädlinge überprüfen, die sich gerne in abgefallenen Blättern einnisten.

Die wichtigsten Pflegemaßnahmen

Der Pflegeaufwand im Winterquartier hält sich in Grenzen, regelmäßige Kontollen reichen aus. Einmal wöchentlich werden heruntergefallene Pflanzenteile abgesammelt und zugleich die Triebe auf Schädlingsbefall untersucht. Trockene Ballen sollten Sie hin und wieder gießen. Gegen trockene Luft hilft es, die Pflanzen mit Wasser einzunebeln.

Überwinterung

Es gibt nur wenige Balkonpflanzen, bei denen sich ein Überwinterung wirklich lohnt. Typische Wintergäste auf der Fensterbank in einem hellen, kühlen Raum sind Wandelröschen *(Lantana-Camara-*Hybriden), aufrechte Geranien *(Pelargonium-*Hybriden), Duft- und Blattschmuckpelargonien *(Pelargonium)*, sowie Fuchsien *(Fuchsia-*Hybriden). Wer optimale Bedingungen, also helle und kühle (5–8°C) Fensterbänke besitzt, kann auch Strauchmargeriten *(Argyranthemum frutescens)* ins Haus holen. Vorraussetzung für die Überwinterung ist das Einstellen der Düngung zum Ende des Hochsommers. Damit wird die Ruhephase eingeläutet.

Sparrig stehen die langen Triebe der überwinterten Pelargonie in den Raum. Jetzt wird die Pflanze zurückgeschnitten.

Nur die kräftigen Neutriebe lässt man stehen und entspitz sie, damit sich ein dichter, kompakter Busch entwickelt.

Empfindliche Pflanzen werden im Winter eingewickelt. Der Thymian links bekommt einen Jutemantel um die Wurzeln, den Bambus schützt eine Schilfrohrmatte vor Frösten.

Grundsätzlich sollten alle Gefäße, die im Freien überwintern, auf Füßchen bzw. Leisten gestellt werden, so dass zwischen Untergrund und Abzugsloch die Luft zirkulieren kann. Nur so kann ein Eispropf in der Öffnung schnell auftauen und den Wasserablauf ungehindert zulassen. Immergrüne wie Buchsbaum *(Buxus sempervirens)* und Efeu *(Hedera helix)* müssen auch im Winter regelmäßig gegossen werden. Ab Februar auch die Narzissen *(Narcissus)* gießen, sonst entwickeln sich die Blüten nicht.

Immergrüne müssen auch im Winter gegossen werden. Ideal sind hierfür frostfreie Perioden.

Winterschutz im Freien

Gehölze und Stauden, die auf dem Balkon überwintern, schützt man ebenfalls. Schließlich ist der Wurzelballen, der normalerweise vom Erdreich geschützt wird, dem Frost voll ausgesetzt. Als Isoliermaterial für die Gefäße bietet sich dickes Jutegewebe an. Man kann auch alte Wolldecken verwenden. Damit wickelt man den Topf ein und bindet alles mit einer Kordel fest.

Oberirdische Pflanzenteile, die in der Wintersonne etwas Schatten und Windschutz benötigen, wie etwa Bambus *(Sinarundinaria, Fargesia)*, Hochstammrosen *(Rosa)* und Kamelien *(Camelia japonica)*, wi-

ckelt man mit Schilfrohrmatten oder Vlies ein. Wichtig ist, dass das Gewebe luftdurchlässig und hell ist. Anderenfalls entwickelt sich eine warme Atmosphäre mit relativ hoher Luftfeuchtigkeit, in der zum einen Pilzkrankheiten leichtes Spiel haben, zum anderen ein zu früher Austrieb erfolgen kann.

Kleinere Töpfe, etwa mit mehrjährigen Kräutern, stellt man in einen Pappkarton, der mit trockenem Laub gefüllt ist. Decken Sie auch die Pflanzen mit Laub zu. Auf die gleiche Art und Weise schützt man Töpfe, die im Herbst mit Zwiebelblumen bepflanzt wurden.

Mit einem handlichen Sprüher kann man Pflanzenschutzmittel und stärkende Aufgüsse ausbringen.

Pflanzenschutz

Gesunde Balkonpflanzen sind kein Zufall, sondern das Ergebnis von hochwertigen Jungpflanzen, einem den Ansprüchen entsprechenden Standort und guter Pflege. Aber auch die Witterung spielt immer eine Rolle. Ein verregneter Sommer schmälert nicht nur den Genuss, sondern macht auch viele Bemühungen zunichte, weil sich Pilzkrankheiten besser ausbreiten und die Wärme fehlt, die das gesunde Wachstum ankurbelt.

Vorbeugen statt heilen

Eine gesunde und ausgewogene Ernährung stärkt alle Pflanzen. Daher ist darauf zu achten, dass die Pflanzen weder zu viel noch zu wenig ge-

düngt werden (siehe Seite 150). Sie können Ihre Pflanzen aber auch mit Aufgüssen aus Pflanzenextrakten stärken. Brennnessel- oder Schachtelhalmtee wehren Krankheiten frühzeitig ab. Auch Algenextrakte, die dem Substrat beigemischt werden, sichern eine hochwertige Versorgung der Pflanzen mit Nährstoffen.

Schädlinge und Krankheiten bekämpfen

Grundsätzlich sollte bei der Schädlingsbekämpfung auf dem Balkon behutsam vorgegangen werden, schließlich stehen die Pflanzen direkt am Sitzplatz. Und Obst, Kräuter und Gemüse will man schließlich unbelastet genießen.

Vollkommen unbedenklich sind folgende Bekämpfungsmethoden:
– Stark befallene Triebe oder Blätter schneidet man ab und entsorgt sie.
– Schädlinge werden abgewischt bzw. abgesammelt.
– Der Einsatz von Lockfallen, etwa Gelbtafeln, ist effektiv und umweltschonend.

Wer mit den genannten Methoden keinen Erfolg erzielt oder die Krankheiten nicht eindeutig erkennt, sollte mit befallenen Pflanzenteilen im Fachhandel Rat suchen. Meist löst der Gärtner die

Ackerschachtelhalmbrühe macht die Rosen widerstandsfähig gegen Pilzkrankheiten wie Sternrußtau, Mehltau sowie Rosenrost.

Frage schnell und kann zu einer effektiven Behandlungsmethode raten. Vielleicht handelt es ja auch nur um Pflegefehler!

Pelargonienwelke
Schadbild: Ältere Blätter verdorren, von der Basis faulende Stängel; ölig schimmernde Flecken auf jungem Laub.
Ursache: Bakteriose Xanthomonas.
Bekämpfung: Pflanzen vernichten.

Korkflecken (kleines Bild)
Schadbild: Korkartige Pusteln an Blättern.
Ursache: Unregelmäßiges Gießen und niedrige Temperaturen lässt Zellen platzen.
Bekämpfung: Mäßig gießen und düngen.

Pflegefehler

Pilzkrankheiten

Eisenmangel
Schadbild: Die Blätter werden von den her Rändern hell. Nur die Blattadern sind dunkelgrün gefärbt. Häufig bei Hängepetunien und Zauberglöckchen.
Ursache: Eisenmangel in Folge eines zu hohen pH-Werts der Erde, zum Teil auch durch kalkhaltiges Gießwasser verursacht.
Bekämpfung: Blattdüngung mit Eisenpräparat.

Gelbe Blätter
Schadbild: Die Blätter werden innerhalb weniger Tagen gelb und fallen ab.
Ursache: Staunässe durch schlechten Wasserabzug im Gefäß oder anhaltend nasskalte Witterung.
Bekämpfung: Die Pflanzen aus dem Regen holen, die Erde abtrocknen lassen und gegebenenfalls Dränage verbessern.

Echter Mehltau
Schadbild: Weißliche Beläge auf Ober- und Unterseite der Blätter; häufig bei Verbenen.
Ursache: Pilzkrankheit, die sich über die Luft ausbreitet; Ausbreitung wird durch Feuchtigkeit gefördert.
Bekämpfung: Befallene Triebe abschneiden; Durchlüftung der Pflanzen verbessern; nur die Erde gießen, nicht die Blätter.

Grauschimmel
Schadbild: Ein pelziger grauer Belag auf Blättern und Blüten, häufig bei Knollenbegonien.
Ursache: Pilzkrankheit, die durch stehende Nässe auf Blättern und welken Blüten gefördert wird.
Bekämpfung: Abgefallene Blütenteile regelmäßig absammeln, welke Blüten frühzeitig ausknipsen.

Wichtige Schädlinge

Blattläuse
Schadbild: Verformte Blattränder und Knospen, häufig an Rosen und Kapuzinerkresse.
Ursache: Unzählige kleine grüne Insekten saugen an den Trieben.
Bekämpfung: Stark befallene Triebe abschneiden, Läuse mit den Fingern abwischen; Läuse treten bei starkem Wind auf; Rosenpflaster anbringen.

Spinnmilbe
Schadbild: Weiße Punkte auf den Blättern und in den Blattachseln, feine Gespinnste.
Ursache: Winzige Spinnmilben saugen an den Blättern, sie treten bei geringer Luftfeuchtigkeit vermehrt auf.
Bekämpfung: Luftfeuchtigkeit erhöhen, indem man die Blätter beim Gießen kräftig von oben und unten überbraust.

Blasenfuß, Thrips
Schadbild: Kleine silbrige Stellen auf Blüten- und Laubblättern, häufig bei Blauem Gänseblümchen.
Ursache: Thripse erkennt man mit bloßem Auge als kleine, dunkle Striche, meist auf der Blattunterseite.
Bekämpfung: Luftfeuchtigkeit erhöhen (siehe Spinnmilbe), Wahl resistenter Sorten.

Weiße Fliege
Schadbild: Die Blätter werden fahl. Auf den unteren Blättern klebriger Honigtau und später schwarzer Rußtaupilz, häufig an Tomatenblättern.
Ursache: Weiße Motten, die auffliegen, wenn man die Blätter berührt.
Bekämpfung: Gelbtafeln aufhängen, stark befallene Pflanzenteile abschneiden.

JANUAR

Noch gibt es wenig zu tun. Pflanzen, die auf dem Balkon überwintern, müssen hin und wieder bei frostfreiem Wetter gegossen werden. Im Winterquartier gelegentlich lüften und dabei kontrollieren, ob die Gäste auf der Fensterbank gesund sind. Ist die Erde trocken, wird vorsichtig gegossen. Luftbefeuchter bei dieser Gelegenheit neu befüllen.

FEBRUAR

Die Vorboten des Frühlings lugen aus den Töpfen. Jetzt heißt es, sie regelmäßig zu gießen, und auch die scheinbar noch ruhenden Zwiebeln brauchen immer mehr Wasser. Rücken Sie jetzt die Töpfe mit den Frühlingsblühern ins Blickfeld. Wer Sommerblumen selber aussät, sollte allmählich Vorbereitungen treffen. Sorten müssen ausgewählt und Samen bestellt werden. Reinigen Sie die gebrauchten Aussaatschalen gründlich unter fließendem Wasser.

MÄRZ

Der Startschuss für die Frühlingsbepflanzung fällt. Hornveilchen und Bellis, Primeln und Stiefmütterchen kann man jetzt kaufen, die Sommerblumen müssen ausgesät werden. Pflanzen aus dem Winterquartier werden zurückgeschnitten sowie in frische Erde umgetopft und können nun etwas wärmer stehen. Die Freilandpflanzen kommen ab März ohne Winterschutz aus, Rosen werden zurückgeschnitten und in frische Erde getopft.

APRIL

Kündigen sich Spätfröste an, müssen die Frühlingsblüher ein schützendes Vlies erhalten. Abgeblühte Zwiebelpflanzen werden aus der Frühlingsbepflanzung entfernt und durch später blühende ersetzt. An warmen Tagen kann man beginnen, die Pflanzen aus dem Winterquartier abzuhärten. Nachts wieder einräumen, denn es ist für sie draussen noch zu kalt.

MAI

In diesem Monat fällt der Startschuss für die langersehnte Sommersaison: Nach den Eisheiligen Mitte des Monats werden die Kästen, Ampeln und Töpfe bepflanzt. Zuvor müssen die Gefäße gereinigt, die automatische Bewässerung angeschlossen und die Möbel aufgestellt werden. Frisch gepflanztes Grün muss in den ersten Tagen besonders gründlich gegossen werden, damit die Balkon-Schönheiten rasch anwachsen.

JUNI

Sobald das Wachstum einsetzt, entspitzt man die buschigen Balkonblumen, um eine Verzweigung zu fördern. Eintriebige Pflanzen, etwa Sonnenblumen, bindet man an einen Stab, damit sie nicht abknicken. Jetzt müssen Sie regelmäßig die Feuchtigkeit des Substrates kontrollieren und gegebenenfalls gießen. Gleichzeitig beginnt man mit dem Entfernen der ersten welken Blüten, damit die Knospenbildung weiterhin angeregt wird.

JULI

Gießen und Düngen gehören nun zum täglichen Pflichtprogramm für den Balkongärtner. Dabei zupft und schneidet man welke Blüten und sammelt trockene Blätter ab. Pflanzen, die zunehmend blühfaul werden, schneidet man kräftig zurück, damit sie noch einmal neu durchtreiben und bis zum Ende des Sommers blühen.

AUGUST

Kontinuierliche Pflege ist jetzt unerlässlich, damit die Pflanzen in der Blühfreudigkeit nicht nachlassen und gesund bleiben. An sehr heißen Tagen muss morgens und abends gegossen werden. Bei bedecktem Himmel kann man die Formschnittgehölze trimmen, damit sie wieder klare Konturen zeigen. Im August lassen sich Stecklinge von Geranien schneiden, die in diesen Wochen rasch Wurzeln bilden und als Nachwuchs überwintern.

SEPTEMBER

Je nach Witterung klingt das sommerliche Blütenfest rasch oder zögerlich aus. Manche Pflanze hält sich noch bis in den Herbst, andere werden bereits aus der Gestaltung entfernt. Zugleich hält die Herbstbepflanzung Einzug auf dem Balkon und lässt sich mit dem Legen der Blumenzwiebeln verbinden. Diese sind ab Monatsanfang im Fachhandel erhältlich. Pflanzen, die im Haus überwintert werden, sollten allmählich etwas abtrocknen.

OKTOBER

Nun beenden auch die letzten Sommerblumen ihre Saison. Rankgerüste und Spaliere werden von den Trieben befreit und gereinigt. Mit den verbleibenden bepflanzten Gefässen können Sie nun ein sehr dekoratives Herbstensemble bilden. Die Wintergäste werden zurückgeschnitten, gesäubert und auf die Fensterbank geräumt

NOVEMBER

Mit warmen Tagen, an denen man draußen sitzen kann, ist jetzt nicht mehr zu rechnen. Die Möbel werden ins Haus geräumt, die automatische Bewässerung kann abmontiert und im Keller gelagert werden. Accessoires verwittern schnell bei nasser Kälte und machen dem Weihnachtsschmuck Platz. Lichterketten werden aufgehängt und über die Gehölze gelegt. Bei trockener Witterung müssen Sie die verbleibenden Pflanzen gießen.

DEZEMBER

Jetzt wird es Zeit, dass Pflanzen, die im Freien überwintern, verpackt werden. Die Töpfe umwickelt man mit Jute, empfindliche Pflanzenkronen schützt man mit Vlies oder Strohmatten. Immergrüne Gehölze bestimmen das Bild. Sie müssen gegossen werden, wenn der Ballen frostfrei ist, schließlich verdunsten sie bei Sonnenschein Wasser. Schnee verziert die Pflanzen. Ist er nass und schwer, befreit man die Gehölze von der Last.

Garten-Versandhandel

Ahrens + Sieberz
53718 Siegburg-Seligenthal

Baldur Garten
Elbingerstr. 12
64625 Bensheim
www.baldur-garten.de

Dehner
86640 Rain am Lech
www.dehner.de

OBI@OTTO
20088 Hamburg
www.OBI@OTTO.de

Gärtner Pötschke
Beuthener Str. 4
41561 Kaarst
www.gaertner-poetschke.de

Sommerblumen

Blumenschule Engler
Augsburger Straße 62
86956 Schongau

Fa. Heinke (Fuchsien)
Eichholzstr. 2
44289 Dortmund 41
www.fuchsien-heinke.de

Frau Kirchner-Abel (Datura)
Schützenstr. 24
74229 Duisburg
www.Kirchner-abel.de

Dieter Stegmaier (auch Geranien/Duftpelargonien)
Unteres Dorf 7
73457 Essingen

Kräuter und Gemüse

Kiepenkerl
Grean und Easy
In den Gärten 3
56472 Dreisbach
email: kiepenker@nebelung.de

Syringa Duft- und
Würzkräuter
Bernd Dittrich
Bachstraße 7
78247 Hitzingen-Binningen

Franz Tremml
Matzelsdorfer Weg 31
93444 Kötzing

Blumenzwiebeln

Albrecht Hoch
Potsdamer Str. 40
14163 Berlin

Niederlande:
Van Tubergen
Postfach 144
NL 8250 Dronten

Samen

Chrestensen, Erfurter
Samen- und Pflanzenzucht
GmbH
Postfach 1000
99079 Erfurt

Blumen Jansen
Postfach 30 01 15
46399 Bocholt

Thompson & Morgan
Postfach 10 69
36243 Niederaula
Tel. 0 40 / 61 19 39 93
e-mail:
tmde@thompson-morgan.com

Treppens
Berliner Straße 88
14169 Berlin

Rosen

W. Kordes' Söhne
Rosenschulen
Rosenstraße 34
25365 Klein Offenseth-
Sparrieshoop
www.kordes-rosen.com

Noak-Rosen
Baum- und Rosenschulen
Im Fenne 54
33334 Gütersloh

Rosenrot Pflanzenversand
Besenbek 4b
25335 Raa-Besenbek

Österreich:
Grumer Rosen
Raasdorfer Straße 28–30
A-2285 Leopoldsdorf

Schweiz:
Richard Huber AG
Rothenbühl 8
CH-5605 Dottikon AG

Gehölze

Baumschule Huben
Schriesheimer Fußweg 7
68526 Ladenburg
www.huben.de

Lorenz von Ehren Baumschule
Maldfeldstraße 4
21077 Hamburg
www.lve.de

Wörlein Baumschulen
Baumschulenweg 9
86911 Dießen a. Ammersee
www.woerlein.de

Möbel

GARPA
Garten- und Park
Einrichtungen GmbH
Kiehnwiese 1
21039 Escheburg

Die Gartengalerie
Wössingergasse 15
75045 Walzbachtal

HESPERIDEN
Thomas Fleischmann GmbH
In der Schmalau 4
90427 Nürnberg

IKEA
Alle Filialen

Der Laden im Torbogen
Haxthausen 8
85354 Freising

osmo Holz und Color
GmbH & Co. KG
Affhüppen Esch 12
48231 Warendorf

Teak Traditionals
Lübecker Straße 29
46485 Wesel

Unopiú
Am Dornbusch 24-26
64390 Erzhausen

U.T.P.
United Teak Producers
Möbelhaus GmbH
Gottlieb-Daimler-Str. 2
24568 Kaltenkirchen

GLOSTER FURNITURE LTD
Concorde Road, Patchway
Bristol BS34 5TB
England

Dekoration

Blattwerk
Stiftung Liebenau
Siggenweilerstr. 11
88074 Meckenbueren
www.blattwerk-versand.de

Country Garden
Auf den Beeten 12
72119 Ammerbuch-Rensten

Gisela Engelmayer
Wendelins 1a
87487 Wiggensbach

Gartenlust Karin Schröder
Altemühle 1
58553 Halver

Garten-Wohnen-Schenken
Kreuth 1
84104 Rudelzhausen

Terra d'Oro
Keramik & Design
Zugspitzstraße 2
84419 Schwindegg

Victorian Gallery
Stefanstraße 1
40599 Düsseldorf

Technik

Grün Idee
Gisela Voges
Solarring 17
31860 Emmerthal

Bildnachweis:
Alle Bilder von Friedrich Strauß, außer:
Baumjohann: 161oml, 161umr
GBA/GPL: 102m, 152u
GBA/Nichols: 131o
Hanke: 161omr
Henseler: 161ol (Einklinker)
Reinhard: 161ul, 161ur
Reithmeier: 161ol, 160ur
Straßberger: 161or, 161uml

Grafiken: Heidi Janiček

BLV Verlagsgesellschaft mbH
München Wien Zürich
80797 München

© 2003 BLV Verlagsgesellschaft mbH, München

Bibliografische Information Der Deutschen Bibliothek

Die Deutsche Bibliothek verzeichnet diese Publikation in der Deutschen Nationalbibliografie; detaillierte bibliografische Daten sind im Internet über http://dnb.ddb.de abrufbar.

Umschlaggestaltung: Anja Masuch, München
Umschlagfotos: Friedrich Stauß

Layoutkonzept Innenteil: Parzhuber & Partner, München

Lektorat: Dr. Thomas Hagen/Eva Ott
Satz, Layout und Herstellung: Angelika Tröger

Reproduktionen: Repro Ludwig, Zell am See

Gedruckt auf chlorfrei gebleichtem Papier

Printed in Germany
ISBN 3-405-16438-9